Seus Mestres, Seu Caminho

Encontros e aprendizados

Seus Mestres, Seu Caminho

Encontros e aprendizados

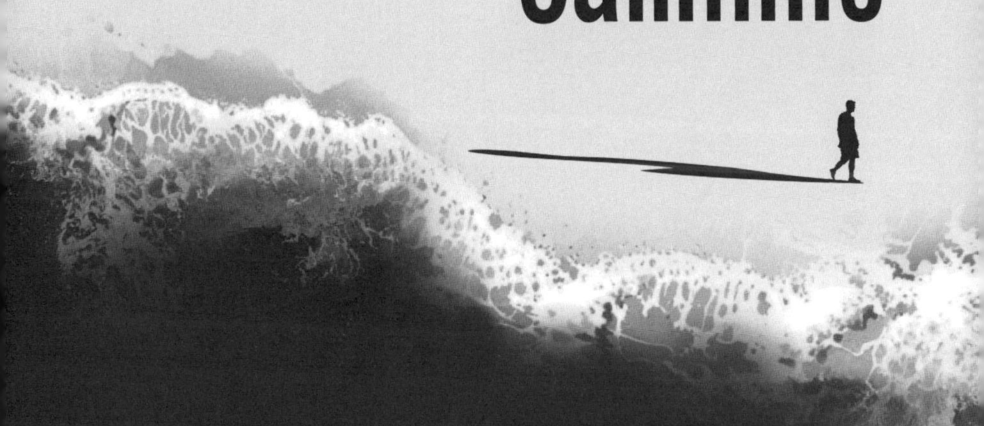

Fábio Craidy Bührer

Edições BesouroBox

1ª edição / Porto Alegre-RS / 2025

Andar junto aos mestres é um convite para
você seguir a própria jornada.

Para Deise e Pedro.

Sumário

Apresentação

Era um dia agradável de verão. André tinha decidido caminhar pela areia. A praia sempre fora o seu mistério, e o mar, um grande amor. Era ali que gostava de refletir sobre sua vida, sobre o mundo e sobre tudo que cercava as suas horas. O céu tinha poucas nuvens, e um vento soprava levemente. Pequenas ondas quebravam com calma, trazendo ainda mais serenidade ao momento.

Naquela terça-feira pela manhã, não parava de pensar em um sonho que vinha se repetindo ao longo de meses. Lembrava-se de estar sozinho e, ao mesmo tempo, protegido por diversas outras pessoas, mesmo sem enxergar seus rostos. Chegava a um trecho da estrada, mas, a partir dali, precisava compreender melhor algumas questões. O sonho sempre terminava com uma luz intensa, sem que soubesse o motivo de tudo aquilo. Partindo dessa luz, algo indicava uma passagem.

Recordando essas imagens, os minutos passavam lentamente, e ele seguia no mesmo ritmo, com a companhia do mar, do sol e do vento. Ao longe, um pescador solitário. Aquele seria o seu primeiro mestre.

MESTRE 1

O pescador

Aos poucos, André se aproximou do pescador, que parecia imóvel. A cena remetia a uma pintura – só faltava emoldurar. Todo o cenário lembrava outras caminhadas, mas algo despertava o seu interesse, pois tinha o costume de passear naquele mesmo ponto e nunca havia encontrado aquele senhor, que aparentava uns 70 anos. O cabelo era totalmente branco, um pouco mais longo, chegando aos ombros. Tinha aproximadamente 1,70 m de altura. Usava uma bermuda branca e uma camisa de mangas curtas em tom azul-claro. Seu chinelo verde estava ao lado, e seus pés estavam cravados na areia.

– Bom dia. Muito peixe? – perguntou André, parando.

– Sim, muito.

André olhou o balde ao lado dele, mas, para sua surpresa, estava vazio, o que lhe causou estranheza, pois não entendia a resposta.

– Muitos peixes?! Estou vendo que o senhor não pegou nenhum ainda – reforçou, olhando para o balde e dando uma leve risada.

– Não, ainda não – respondeu o senhor, olhando fixamente para o mar. E completou: – Mas tem muitos peixes. Essa é a diferença entre o que você vê e o que eu vejo.

André ficou surpreso com a serenidade daquele homem e com aquele encontro inusitado. Como sempre gostou das relações humanas e de todos os tipos de conversas, permaneceu ali, ao lado do caniço, que estava preso a um cano branco enterrado na areia.

– Então, onde estão esses peixes todos?

– Ali – disse o homem, apontando com a cabeça em direção à água.

– Mas, então, eles não estão no seu balde, não é mesmo? – falou André em tom provocativo.

– Vou contar uma história para você – nesse momento, o pescador virou o rosto e olhou fixamente para André. – Existe uma grande diferença entre acreditar que algo pode acontecer e abandonar rapidamente a ideia daquilo que poderia vir a ser. E o que diferencia uma da outra é uma das coisas mais difíceis de se alcançar neste mundo: a paciência. É preciso saber esperar. E isso não significa ficar parado, aguardando que algo surja aleatoriamente. Existem conexões visíveis e invisíveis. Hoje, quando você se preparava para caminhar na praia, eu me preparava para pescar. Nós dois com nossas atitudes. Arrumei todo o material, preparei as iscas e vim de coração aberto. Sei que aqui é um local com muitos peixes, porque faço isso há muito tempo. Mas estou aqui há quarenta e cinco minutos e ainda não surgiu um peixe no anzol. Vai surgir, logo mais. Pode ser daqui a cinco minutos, cinco horas ou cinco meses. A questão é: quando vai surgir?

André olhou para o mar e voltou-se para o pescador. Lembrou-se de sua impaciência, que surgia cada vez mais nos últimos tempos.

– Essa é a pergunta: quando? – o pescador retomou, depois de alguns segundos em silêncio. – Vemos hoje, na vida de muitas pessoas, uma grande ansiedade por tudo que precisa acontecer com urgência. Você já deve ter percebido. Tudo tem que ser agora, neste exato instante. Só que, após essa situação resolvida, outras surgirão. Também não sabia disso por muito tempo e sofri com a grande impaciência. Fui aprendendo a esperar. E saber esperar é algo que se pratica. É exercício, treino mesmo; deve ser colocado nas pequenas coisas da vida. Porque, se for diferente, qualquer coisa irá atrapalhar. A espera está dentro de cada um de nós. É preciso esperar o peixe. É necessário esperar o tempo. A grande questão é, como já disse, quanto tempo?

– É um bom questionamento. Vou pensar nisso com mais calma, senão tudo fica muito agitado – afirmou André.

– Mais agitado do que este mar quando está revolto. Muitas pessoas não têm mais paciência para nada. Parece que mecanizaram o fazer quase sem respirar, apenas para voltar a fazer de novo, muitas vezes, sem nem perceber, e, em muitos casos, vivendo uma vida inteira sem realmente saber esperar. Nesse ponto, é preciso compreender que existem tempos diferentes.

– Quais tempos? – perguntou André rapidamente.

O pescador fez uma longa pausa, respirou fundo e olhou para o balde vazio.

– Existe o meu tempo, o tempo do peixe e o tempo de Deus. E para esses tempos se encontrarem, vou continuar aqui – voltou os olhos para o mar com um leve sorriso.

André permaneceu em silêncio, olhando para o mar, pensando em sua vida, em como agia e como havia sido a sua história nos últimos anos, com tanta ansiedade para que tudo acontecesse rapidamente.

– Nesse caso, temos um problema. E se esses tempos realmente não se encontrarem?

O pescador continuou olhando para o mar tranquilamente.

– Então, convidamos a paciência para encontrar a sabedoria e apenas saboreamos aquilo que vier dessa conversa.

André pensou em dizer algo sobre o que tinha acabado de ouvir, mas percebeu que não era necessário. Agradeceu, despediu-se e seguiu a caminhada.

MESTRE 2

O menino do castelo

André caminhou, saindo da parte da areia em direção à água. Deixou que o mar invadisse seus pés. Era a energia que tanto gostava, tocando não apenas seu corpo, mas também sua alma. Enquanto isso, pensava no que o senhor havia dito sobre a paciência que ele próprio buscava a cada dia, sem conseguir avançar o tanto quanto gostaria. O importante, porém, era que sabia estar tentando evoluir como podia. Sozinho com seus pensamentos, andava.

Mais adiante, seus olhos avistaram um grande castelo de areia. O tamanho impressionava tanto que despertou sua curiosidade. Acelerou o passo e chegou rapidamente, encontrando, junto ao castelo, um garoto de aproximadamente seis anos. Seus cabelos eram pretos e lisos, e a pele, bronzeada pelo sol. Os pais estavam bem próximos, sentados sob um guarda-sol azul e branco. André parou ao lado do castelo.

– Oi – disse o menino, enquanto o pai se levantava e se aproximava para acompanhar a cena.

– Bom dia! Que lindo esse castelo – respondeu André com gentileza.

– Pode entrar – o garoto sorriu.

– Ah, muito obrigado, mas acho que vou ficar aqui fora mesmo – disse, olhando para o pai do menino, que sorriu.

– Mas por que você não quer entrar? – o garoto insistiu.

– Porque, se eu entrar no seu castelo, vai estragar. E, talvez, as paredes de areia possam cair – disse calmamente, olhando para o castelo.

– E o que isso tem de mais?

– Então, o que estou dizendo para você pode realmente acontecer: o seu castelo pode ser destruído.

– E o que isso tem de mais? – o menino repetiu, sorrindo.

– Aí sua brincadeira vai acabar.

– E o que isso tem de mais? – falou, olhando para André.

André percebeu que a pergunta estava se repetindo, mas achou interessante ver até onde ele levaria a brincadeira.

– Ué, você não acha estranho demorar tanto tempo para construir esse lindo castelo e algum estranho chegar destruindo?

– Eu não disse para você destruir, falei para você entrar. Diz que ele pode visitar o meu castelo – disse o menino, olhando para o pai.

– Claro, meu filho. Se ele quiser, pode conhecer o seu castelo.

André, agora um pouco desconfortável, não lembrava mais o que era olhar para uma cena de forma tão autêntica e ingênua. Teria que se despir dos seus preconceitos e realmente entrar no mundo daquele garoto.

– Qual é o seu nome? – André perguntou, enquanto se abaixava.

– Rei Tobias – disse o menino, levantando-se e falando alto, enquanto apontava o braço direito para o céu, com o punho fechado.

– Ah, Tobias é um lindo nome – disse, olhando para o pai do menino.

– O nome dele mesmo é Tiago – sussurrou o pai, sorrindo.

André entendeu a fantasia e se permitiu participar daquela cena insólita, no meio de uma manhã que poderia ser qualquer outra em sua vida.

– Quem é você? – perguntou o garoto.

– Eu sou o cavaleiro! Não está vendo minha armadura?

– Esse cavaleiro tem medo. Muito medo! Não pode ser o defensor do meu castelo desse jeito.

– Medo? Eu não tenho medo de nada.

– Tem sim – respondeu o garoto rapidamente.

– Não tenho, não – disse, falando um pouco mais baixo.

– Tem porque você não quis entrar no meu castelo.

– Mas era só para não derrubar as paredes – reafirmou André.

– Mas o castelo é de areia. Se derrubar uma parede, a gente constrói outra – disse o menino, apontando para a areia da praia.

André percebeu que, nas frases mais singelas e infantis daquele garoto, uma história já se formava em sua mente. Sempre se considerara corajoso, mas, no fundo, carregava muito receio de viver plenamente as situações inesperadas. Queria manter tudo constantemente em seu devido lugar, esquecendo que a vida era uma mudança contínua.

– Você ficaria triste se uma parte do castelo caísse, tenho certeza.

– Não, eu ficaria triste se você não parasse para ver o meu castelo.

Isso prontamente remeteu André a diversas situações do seu dia a dia, em que passava apressadamente por cenas e pessoas, sem dar o devido valor a cada momento. Era melhor seguir rápido do que aproveitar o que cada situação pudesse trazer. Nesse instante, muitas imagens de pessoas conhecidas vieram à sua mente, juntamente com a dúvida sobre quanto poderia ter sido mais gentil e agradável com todas elas. No fundo, sabia que encontrava as mais variadas desculpas para não parar.

– Ajude a cavar! – o menino falou alto, despertando André.

Ele pegou uma pequena pá de plástico amarela que estava próxima e começou a cavar junto. Depois de cavarem ao redor de todo o castelo, o menino pegou um balde de água e o despejou sobre o fosso que tinham feito. A areia absorveu toda a água rapidamente.

– Pronto, agora você já pode ser cavaleiro – disse o menino, levantando-se e esticando o braço direito sobre o ombro de André.

– Mas você tinha dito que eu não poderia ser o cavaleiro do seu castelo – sorriu André, intrigado.

– Sim, você não vai ser o cavaleiro do meu castelo. Você vai ser o cavaleiro do seu castelo. Assim declara o Rei Tobias! – anunciou o menino, levantando-se e correndo em direção ao mar, chamando o pai, que se despediu de André enquanto corria atrás do filho.

André percebeu que a brincadeira havia terminado, mas muito ficaria para o seu aprendizado. Ele havia deixado grande parte do seu próprio castelo e ainda faltavam muitas partes para serem levantadas, assim como outras para serem derrubadas. Com o tempo, esquecera que tinha todas as possibilidades de construir e reconstruir. Lembrou-se da infância e de quantos castelos já havia feito. E a vida parecia lhe dizer, com uma voz silenciosa: sempre é tempo de recomeçar.

MESTRE 3

O senhor da garrafa

André continuou a andar, lembrando-se de todas as vezes que tinha caminhado na mesma areia, sem nunca ter vivenciado nada parecido. Sua conexão com a espiritualidade havia perdido o fervor nos últimos tempos, mas parecia compreender que era necessário aproveitar cada passo que viesse pela frente. No inusitado daquilo que ainda não era possível enxergar, acelerou o passo. Após caminhar aproximadamente cento e cinquenta metros, foi se aproximando de um senhor idoso que segurava uma garrafa. Ele era baixo, usava uma bermuda bege até a altura dos joelhos, uma camiseta amarela gasta pelo tempo e um chapéu cinza.

– Bom dia – saudou André, próximo à água.

– Bom dia, meu jovem. Caminhando logo cedo? – o senhor disse com um sorriso acolhedor.

– Faz bem para a saúde.

– Tem toda razão, o corpo pede, e o espírito vai junto. Vai muito longe ainda?

– Não tenho pressa para voltar. Vou indo até onde aguentar.

– E minha garrafa também vai seguir para o destino dela – falou o senhor, segurando firme a garrafa de vidro.

– Notei a sua garrafa, mas não compreendi o que o senhor está fazendo – disse André, franzindo a testa.

– Essa garrafa é a mesma que você já deve ter ouvido em mil histórias: aquelas encontradas nas praias com uma mensagem dentro. Olha só – disse, aproximando-a de André.

– Não tinha reparado. Tem uma carta aí mesmo? – André olhou fixamente para dentro da garrafa.

– Para quem você acha que é? – questionou o senhor, levantando as sobrancelhas.

– Deixa eu pensar... – André fez uma pausa e suspirou antes de continuar. – Acho que não é para ninguém em especial. O senhor escreveu uma mensagem e vai soltá-la no mar. Quem achar vai se inspirar com o que está escrito e, talvez, a mensagem possa mudar a vida de alguém, mesmo sem o senhor saber quem é.

– Essa é uma grande ideia, mas ela tem um destino, sim. E o destino já é certo.

– Um amigo do outro continente? – André brincou, sorrindo.

Nesse instante, o senhor ficou mais sério, olhando com calma para André. Juntou a garrafa ao peito, demonstrando carinho pelo que estava realizando. André percebeu com clareza a emoção dele, e o momento ganhou maior intensidade.

– Essa garrafa vai ficar por perto mesmo. A onda vai levar e a onda vai trazer – disse pensativo.

– O senhor quer dizer que a garrafa vai ficar por aqui?

– Sei que você está caminhando, mas teria um minuto para eu contar essa história? – perguntou, ajeitando o chapéu.

– Estou ansioso para ouvir.

– Certa vez, meu avô contou sobre uma garrafa que encontrou na beira da praia quando tinha 23 anos. Ele falou sobre a mensagem que havia dentro. Na época em que relatou a história, já tinha 74 anos, e eu, 15 recém-completados. Agora, coincidentemente, tenho 74 anos. Estávamos sentados na área da casa dele, cada um em uma cadeira de balanço. Lembro-me da cena como se fosse hoje. Ele disse que o que leu mudou sua vida. Fiquei muito curioso, pois queria saber o que estava escrito. Ele foi direto, como sempre, e respondeu: "Seja você". Ri muito na época e perguntei: "Só isso?" Ele respondeu: "Um dia você vai entender". E repetiu: "Um dia, que não será agora, você vai entender". Ao longo da vida, fui muito o que eu não era, e tantas coisas que realizava não faziam sentido. Perdi a originalidade e me esqueci um pouco das coisas que realmente gostava de fazer. Então, aos 56 anos, retomei parte do que gritava a minha essência. Parece tarde, não é? Mas nunca é tarde, meu caro amigo. Hoje, sinto com clareza quem sou. E aquilo que faz sentido para mim tem grande força. Aquilo que penso, aquilo que falo e aquilo que faço andam juntos, como em uma dança de mãos dadas.

André estava paralisado, ouvindo a história e percebendo a grandiosidade daquilo que os outros podem oferecer como alimento para a alma por meio de suas lembranças. O senhor continuou:

– Sempre quis reviver aquele encontro, pois meu avô faleceu um ano depois da nossa conversa. Na minha idade naquela época, a gente imagina que terá um novo dia para outra conversa. Muitas vezes, porém, a vida não permite isso como imaginamos. O tempo passou, mas a frase dele nunca se perdeu. Mesmo que eu não tenha vivido profundamente o que ele disse, chegou um momento em que isso ganhou mais força. Ainda que mais tarde, despertou. Passei a buscar meu eu mais profundo. Hoje, como em um novo encontro com ele, estou aqui, em frente ao mar, com a mesma história. Essa garrafa é simbólica. Vou colocá-la na água logo mais, quando ninguém estiver na praia. Esperarei... esperarei... e, logo, a pegarei novamente. Porque hoje seria aniversário dele, e quero fazer isso por nós.

– Seja você – disse André, baixo e devagar.

– Isso, querido amigo – respondeu o senhor, com os olhos marejados. – Seja você. Porque o mundo e as pessoas vão querer que você seja o que elas querem que você seja. Assim, muitas vezes, você morrerá mesmo estando vivo. Aprendi que viver é se libertar, mas é preciso pagar o preço de ser a gente mesmo.

O senhor fechou os olhos por alguns segundos e seguiu em direção à água com a garrafa. André sabia que era o momento de partir. Ali ficariam apenas aquele gentil senhor e o seu avô – juntos, em mais um instante de vida.

MESTRE 4

A protetora dos mares

André virou-se, já mais distante, para olhar o senhor com quem havia conversado. A cena lhe trouxe grande emoção, e ele pensou quanto tempo teria sido necessário para que aquele momento acontecesse. Também se lembrou das cenas com o próprio avô paterno, de quem tanto gostava e que havia partido já fazia alguns anos. Foram várias conversas e momentos que ficariam marcados para sempre. E como a vida segue, era necessário ir em frente. Só caminhou.

O imenso universo do mar ao lado atraía sua atenção a cada onda que quebrava, mesmo que levemente. A cada passo, vinham também reflexões sobre o que estava vivendo naqueles dias: as turbulências, a busca por um sentido mais profundo sobre o que realmente queria, suas relações, tudo surgia em pensamentos acelerados.

Depois de andar por mais tempo, a agitação que sentia por dentro foi contraposta por uma cena comum, mas que, naquele momento, chamou especialmente sua atenção: uma pequena tampa de refrigerante boiava sobre a onda que vinha até a beira da praia e, logo, voltava. Pensou no quanto a humanidade estava sujando o planeta e deixando marcas que destroem. Enquanto andava, a tampinha continuava flutuando. Passou pela cena, e a raiva surgiu, perguntando-se até quando tantas pessoas ainda fariam aquilo. Não encontrou resposta certa. No fundo, era esperançoso, mas também carregava dúvidas sobre a evolução humana.

Seguindo sua caminhada, olhou novamente e percebeu uma mulher caminhando tranquilamente em direção à tampinha. Ela entrou na água, pegou o objeto e saiu. André parou e resolveu voltar até se aproximar da cena. Ela parecia ter aproximadamente 60 anos; o cabelo preto era curto, os óculos muito escuros impediam ver a cor dos seus olhos. Um chapéu de palha de aba larga a protegia do sol. Usava camiseta preta comprida e bermuda laranja.

– Meus parabéns! – disse André.

– Bom dia. Parabéns? – respondeu ela, sorrindo.

– Por estar fazendo o que muita gente não faria. Inclusive, eu. Acabei de passar pela mesma cena e fiquei pensando sobre todo o lixo que está nos mares, mas segui adiante na minha caminhada. Vejo que você agiu diferente. Veio silenciosamente até aqui, sem ninguém perceber, além de mim, é claro, e pegou essa simples tampinha – disse, batendo palmas.

– Sinceramente, não precisa bater palmas. Não me sinto especial por isso. Acho que é um dever nosso como humanidade. A gente sujou, a gente limpa. Mesmo que eu não tenha jogado essa tampa no mar, me coloco como habitante deste planeta e ajudo. Só isso – disse, olhando para a tampinha na mão.

– Eu também não jogo plástico em lugar nenhum, mas minha raiva surgiu como um grito. Queria mesmo era que quem sujou viesse limpar. Porque o que você disse é bonito, mas eu e você "não sujamos". Não concorda?

– Sim, entendo, mas, quando falei "nós sujamos", penso de forma mais ampla. Não estou olhando para individualidades. Se eu esperar que quem tenha feito isso venha buscar a tampa, sabe o que vai acontecer? – ela disse, ajeitando o chapéu de palha.

– Nada – respondeu André.

– Isso mesmo. Então, esperamos alguém que faça esse trabalho, e se ninguém encontrar a tampinha, ela ficará perdida por aí, na areia ou no próprio mar. Sabe o que aprendi nesta vida? Ou você faz, ou você não faz. São pequenas decisões que precisamos tomar, e esse pensamento vale para muitas situações. Decidi ser assim há vinte anos. Nunca anunciei para alguém que iria mudar minha maneira de agir; apenas comecei a fazer. Lembro-me da primeira vez: estava caminhando em uma praia e vi uma garrafa de plástico. Naquele momento, fiquei tocada com a cena, como se o mar expulsasse da sua casa aquela convidada intrusa. Cheguei mais perto, peguei a garrafa e levei até a próxima lixeira. E ela não estava perto. Desde então, faço isso naturalmente. Virou costume. Geralmente, quando saio para caminhar, levo uma sacola de plástico e vou recolhendo o que encontro. Se fosse anotar tudo o que já achei, a lista seria gigantesca – disse, jogando a tampinha para cima e pegando novamente.

– Sabe o que realmente me paralisa? – André fez uma pausa enquanto olhava para o mar. – É que fico assustado por acreditar que, enquanto você recolhe essa tampa tão pequena, outras dez estão sendo jogadas nas ruas, na areia ou na própria água. Então, fico congelado, preso em divagações sobre o quanto o mundo está equivocado.

– O mundo... é um termo muito amplo. É como dizer: "as pessoas não cuidam do planeta". Isso nos leva a extremos de pensamento: ou todo mundo faz, ou ninguém faz. E sabemos que não é assim. Muita gente não cuida, mas muita gente cuida. Acreditar na mudança é ter esperança de que um dos lados da balança ganhe mais força. Mas, para isso, precisamos escolher o lado em que queremos estar: o que suja ou o que limpa. Tenho consciência de que esta tampinha que recolhi significa muito para mim. Encontrei valor no que faço. Até achei inusitado você vir falar comigo sobre isso. Percebo que você estava atento e que essa cena já mexe com algo interno seu. É isso que importa: pegar o que toca o seu coração e seguir em frente. Não espere que, hoje, nesta areia, alguém mais faça algo. Não tem a ver com o outro, mas com você. Como ouvi uma vez: "tem coisas que são entre você e Deus".

André quis responder, mas nenhuma palavra saiu. Preferiu não dizer nada. Ela mexeu no chapéu outra vez, olhou para o mar e continuou:

– Uma das coisas mais lindas que aprendi nesse tempo foi que, fazer em silêncio, sem que ninguém veja, é o meu maior aplauso. É agir sem esperar nada em troca. É cuidar por algo maior. É estar atento enquanto alguns dormem. E quantas vezes nós também dormimos diante de tantas outras cenas? Agora, se estamos despertos para algo que já sabemos, é nossa inteira responsabilidade agir. Se não agirmos, nossa própria consciência cobrará. Olhando para esta simples tampinha, que não pesa nada, sei que parece pouco diante da imensidão desta areia e deste mar. O pouco somado, porém, a cada dia, a cada passo, a cada luta, a cada doação, a cada gesto, a cada "bom dia", a cada sorriso, a cada escuta gentil para quem precisa, realmente faz diferença. E não precisamos de medidas para saber se foi mais ou menos. Apenas é o que é, no sentido de viver. Encontrei esse caminho, que é o meu, e respeito o de cada um. Vou seguir, andando e juntando tampinhas, copinhos, garrafas e tantas outras coisas. Uma anônima no meio deste oceano – disse, voltando o rosto para o mar.

André permaneceu em silêncio. Depois de alguns segundos, enquanto ambos estavam quietos, viu um papel de picolé boiando na água. Os dois se olharam, sem dizer nada. Ele foi até o local, alguns metros adiante, e o recolheu.

– Não é só uma tampinha, meu amigo. Não é só um papel de picolé. É muito mais do que isso. É aquilo que nós queremos nos tornar – disse ela, com um leve sorriso.

Caminharam até uma lixeira próxima. Ele jogou o papel, ela, a tampinha. Despediram-se. Quando ela já se afastava, ainda disse:

– Escute o som do mar! É de agradecimento.

MESTRE 5

O vendedor de água

André percebeu um encanto diferente nas pessoas. Entendeu que os outros tinham muito a ensinar, mesmo nas conversas mais singelas. Seguiu com a cabeça erguida, respirando com calma e prestando ainda mais atenção ao som do mar. Após alguns minutos, avistou um vendedor que vinha empurrando um carrinho em sua direção. Aparentava ter por volta de 45 anos. Era baixo, tinha a pele bronzeada de tanto sol e o cabelo castanho-claro, curto. Usava uma camiseta comprida roxa, um calção preto e um boné vermelho desbotado.

– Vai uma água ou um suco aí, senhor? – disse, falando um pouco alto, enquanto se aproximava até parar.

– Bom dia. Gostaria muito, mas hoje saí de casa sem nada. Não tenho dinheiro nem para a água. Vai ter que ficar para a próxima – respondeu André.

– Tudo bem, pode pegar – disse o vendedor, retirando uma garrafa de água gelada e entregando-a a André. – Em outra caminhada, o senhor paga, sem problemas.

André ficou sem reação, pois nunca esperava tal atitude.

– Olha, nem sei o que dizer – respondeu, ainda sem pegar a garrafa.

– Talvez aceitar seja um bom primeiro passo. Como diria um amigo meu, chamado Paulo: "benção não se nega" – disse o homem, soltando uma gargalhada.

André aceitou a oferta, segurando a garrafa.

– Agradeço demais, mas é uma situação inusitada para mim. A gente não vê muito isso no dia a dia. E se a gente não se encontrar novamente? Quer dizer que você terá pagado pela minha água? – disse, abrindo a garrafa e bebendo.

– As coisas na vida acontecem no momento certo, tendo você dinheiro ou não. Você queria tomar água, e eu passei pelo seu caminho.

– Sim, passou, e poderia não ter tido essa atitude. Outros passariam reto, com certeza.

– Você disse bem, os outros, mas dos outros não sabemos. Pelo menos foi o que aprendi, mesmo vendendo uma simples água. Tem gente que é educada quando ofereço meu produto, e tem aqueles que não olham, nem respondem. Nesse caso, é muito difícil, como se eu não existisse. Parece simples, mas a cena de não ser percebido é muito ruim. Prefiro ficar com as alegrias dos que percebem, mesmo não comprando nada. Dos outros, acolho e já perdoo no mesmo momento. Tem uma frase que aprendi uma vez com minha bisavó: "ninguém dá o que não tem" – disse o vendedor, sorrindo com leveza no olhar.

André aproveitava cada palavra, tentando aprender lições com alguém que talvez fosse também invisível para ele em outro momento.

– Faz tempo que você vende aqui na praia?

– Ah, faz tempo, sim. Já trabalhei em outros lugares, mas há uns quinze anos faço isso. Geralmente, trago sanduíches junto. Hoje, vim apenas com água e suco porque tenho um compromisso logo mais. Vou falar em uma instituição para várias crianças. Quero tentar vender tudo o quanto antes para ir para lá – disse, orgulhoso.

– Muito bom! Meus parabéns. E sobre o que você vai falar? – perguntou André, enquanto tomava a água.

– Sobre o poder das escolhas. Vou contar a minha história de vida. O Gilberto, coordenador do projeto, me convidou porque sabe que minha infância foi muito complicada, mas consegui seguir adiante. Passei por vários tipos de violência em casa, mas tudo mudou e aqui estou, firme e forte.

André, ainda com seus preconceitos, pensou que um homem que vendia água na praia talvez não fosse o melhor exemplo para crianças que precisavam de um futuro. Silenciosamente, e até com vergonha de pensar assim, percebeu que o vendedor parecia ler seus pensamentos.

– Isso mesmo! Um simples vendedor de água falando para mais de quarenta crianças. E sabe por quê? – perguntou o vendedor, levantando as sobrancelhas.

– Sinceramente, não.

– Porque são carentes de amor. Tem muita gente que ajuda na instituição, mas elas também precisam de um simples vendedor de água. Não serão apenas palavras de incentivo para o estudo que vou oferecer. Estarei lá com toda minha alma. Vou contar uma história para você sobre isso. Não sei se quer ouvir?

– Claro, fique à vontade – respondeu André prontamente.

– Foi o amor de uma pessoa que mudou a minha história quando tudo parecia o fim. Não acreditava mais nas pessoas, em mim e na própria vida. Estava no fundo do poço. Era uma manhã, no fim de setembro, e eu andava em uma praça completamente vazia. Depois de algum tempo, me sentei em um banco. O sol estava forte, e apenas alguns pombos circulavam por ali, batendo as asas, de um lado para o outro. Fechei os olhos por um momento e senti o calor invadir meu corpo. Quando os abri, percebi uma senhora idosa se aproximando. Até hoje não entendo de onde ela veio. Estava com um vestido azul-claro, longos cabelos brancos, um colar verde que cintilava e um brinco de argola muito grande. Chegou perto de mim e perguntou: "Até quando você vai esperar?" Eu não entendi a pergunta. Respondi: "Desculpe, senhora, mas... esperar o quê?" Então ela disse: "Esperar por você mesmo. A vida vai passar da mesma forma, você ficando sentado ou indo atrás do que deseja. Mesmo nas coisas mais simples, você pode fazer a vida acontecer, só que é preciso coragem para enfrentar o que passou. O medo e a solidão de si mesmo podem ser grandes precipícios. Está sentindo o calor do sol? Assim é Deus. Ele também nos invade, mas é fundamental abrir a porta. Mesmo que seja lentamente, convide essa luz para ir entrando". Então, ela se afastou. Fiquei sem dizer uma palavra, sem entender totalmente a situação. Assim, percebi, naquele instante, que não podia me entregar ao nada. Tinha que levantar e fazer algo, mesmo que fosse dar um primeiro passo. Comecei a mudar o rumo e a perceber que tudo o que faria dali em diante seria olhando para dentro de mim, com alegria no rosto. Passei a deixar sorrisos por onde passava, mesmo diante da agressividade de muitos que encontrava. Agora estou aqui, vendendo sanduíches, suco e água. Para sempre? Nada é para sempre.

Tudo é passagem e aprendizado. Do meu jeito, passo por muitas pessoas e deixo muito além da água para algumas delas. De certa forma, me tornei também aquilo que aquela mulher representava quando passou por mim. Será que já ajudei a mudar a vida de alguém como ela mudou a minha? Só Deus saberá.

– Pode ter certeza de que você ofereceu muito mais do que uma água. Você me deu uma grande lição de vida – suspirou André.

– Não sei se é lição. Tem coisas que a gente aprende com o tempo. Mais cedo ou mais tarde, cenas parecidas voltam a se apresentar e, muitas vezes, insistem até que a gente entenda. E, mais do que isso, compreenda. A vida é cheia de desafios, mas se focarmos apenas nas dificuldades, não vamos crescer. Por isso, adoro os encontros. Estou sempre aprendendo. Nem perguntei: qual é o seu nome?

– André – disse, estendendo a mão – e o seu?

– Luis Francisco. Mas pode me chamar de Chico D'Água. Um dia me deram esse apelido, e assim ficou – respondeu, apertando a mão de André.

– Obrigado, então, Chico D'Água. Vou torcer para a gente se encontrar de novo, para eu poder pagar essa garrafa.

– Vamos fazer assim: deixa essa água por minha conta e você faz uma outra ação para alguém que eu não conheço. Não vou saber o que aconteceu, mas você vai saber. E vai se lembrar de mim e deste momento.

– Uma gentileza gera outra – disse André.

– Isso mesmo. Uma gentileza gera outra, que gera outra, que gera outra, que... – Chico deixou o final da frase em aberto.

– ... que gera outra – completou André, sentindo uma leveza na alma.

Os dois riram juntos e seguiram, cada um para o seu lado. Quando já estava distante, Chico D'Água virou-se e gritou:

– André!

André parou, virou-se e escutou atento.

– Gentileza não é obrigação! É uma escolha!

MESTRE 6

A desenhista

André tinha percebido que sua caminhada exigiria muito tempo, esforço e trabalho para ser compreendida. A cada passo, um novo pensamento e a certeza de que mais perguntas surgiriam. Não tinha respostas para a maioria delas, mas estava aberto a novos encontros. Tomou o restante da água que havia recebido e continuou. O que fosse acontecer, iria acontecer.

O mar parecia um pouco mais forte. As ondas quebravam e atingiam seus pés com mais intensidade. Avançando aproximadamente duzentos metros, encontrou uma senhora sozinha, sentada em uma cadeira próxima à água, segurando uma prancheta e um lápis. Percebeu que seu olhar estava concentrado no mar. André olhou para o horizonte e viu apenas um barco distante. Foi se aproximando cada vez mais.

– Lindo dia para desenhar, não? – disse, enquanto passava.

– E qual dia não é bom? Também desenha ou pinta?

– Não, nunca me atrevi – respondeu André, parando para conversar.

Ela largou o lápis sobre a prancheta.

– Eu também não me permitia fazer muita coisa.

A senhora aparentava 75 anos. Tinha cabelos cacheados, castanhos, na altura dos ombros, e olhos azuis profundos, que lembravam a cor do mar naquele dia.

– Para se permitir, é preciso pelo menos querer. Nem sei mais o que eu quero – ponderou André.

– Essa é uma grande questão que você está colocando. Talvez o primeiro ponto seja saber o que você não quer mais.

– O que a senhora não quis mais?

– Não quis mais esperar pelos outros e comecei a perceber com clareza o que eu queria fazer – disse, com firmeza. – Está vendo este desenho? – falou, convidando André a se aproximar.

Ele se aproximou e viu que ela estava desenhando o próprio mar, porém, em vez de retratar apenas o que via naquele momento, havia acrescentado elementos que não estavam ali: uma ilha, pedras e algumas pessoas.

– Sim, maravilhoso. A senhora tem um traço muito peculiar – elogiou André.

– Como pode ver, nem tudo é o que representa. Essa imagem não fala apenas sobre este momento. Diz muito sobre mim – respondeu, pegando o lápis novamente. – O grande ponto é permitir-se a tal ponto que a própria obra fale por você, ou por ela mesma.

– É como colocar uma ilha onde não existe nenhuma, deixando a criatividade surgir – comentou André.

– A criatividade está presente, mas com algo que diz mais do que estamos vendo. Olhar apenas o racional é querer medir o que está escondido nas entrelinhas. O sol, o vento, as estrelas... tudo tem seu próprio jeito de ser e de como vemos a mesma coisa. Porque realmente não olhamos da mesma forma para as mesmas situações. No caso, você vê uma ilha no meu desenho, mas não a vê ao olhar agora para este mar.

– Sim, percebi essa ilha imaginária, mas ela ficou muito bonita e bem representada – disse André.

– Muitas vezes, as pessoas observam obras e não sabem o que está por trás de certas imagens. Em alguns casos, há algo subliminar que não é revelado. Essa ilha me representa.

– A senhora quer dizer então...

– Sim, você entendeu. Eu sou a ilha neste desenho. Por isso, o que existe nem sempre diz o que parece dizer. Aqui, me transporto e me coloco no meio do mar por meio dessa paisagem, lembrando muito do que fui em vários momentos. Certa vez, estive tão sozinha que quase não falava com ninguém. Foi quando meu esposo faleceu. Perdi o contato com amigos, que já eram poucos, e a distância com o restante da família sempre foi um problema, pois moram em outro estado, bem longe daqui – disse, pensativa, enquanto acrescentava outros elementos no papel.

– Acho que todos nós, em algum momento, passamos por alguma ilha, não acha? – disse André, fixando os olhos no desenho.

– Você já se sentiu sendo uma ilha?

André também vivia momentos difíceis. Não raro, se sentia triste e angustiado. Queria sempre parecer mais forte, não permitindo que seus sentimentos fossem percebidos pelos outros.

– Sim, já me senti uma ilha. E me sinto assim ainda muitas vezes – respondeu, suspirando.

– E quem vem visitar você nessa ilha? Pessoas em barcos bonitos? Pássaros grandes ou pequenos? Ventos novos? – perguntou ela, com um leve sorriso.

– Sim, a minha ilha está aberta, se a senhora quer saber. Muitas outras vezes, não quero nem que a encontrem – disse, pensativo.

– Receio de saberem quem você é?

– Sinceramente, nem sei mais direito quem sou. Achava que tinha tudo planejado, um futuro promissor, mas, aos poucos, as coisas foram mudando e as situações também. Queria que algumas coisas tivessem sido diferentes e acho que mudei o rumo. Agora, tudo isso me trouxe até aqui – respondeu André.

– Sinta o vento – pediu, após uma pausa. – Apenas sinta esse vento.

Naquele momento, uma brisa abrandava o calor. André fechou os olhos por alguns segundos.

– Sinta o vento e deixe o coração mais leve. Você está racionalizando tudo. Sinta-se em comunhão com toda essa natureza. Está mais do que na hora de permitir que seu coração fale – disse a senhora, pausadamente e com voz suave.

O silêncio se fez entre os dois. Ouviam-se apenas o som das ondas e o canto dos pássaros que iam e vinham. Assim o tempo passou por alguns minutos.

– De onde veio o vento? – ela interrompeu o silêncio.

– Não sei, do leste, talvez.

– De novo, você aí racionalizando. O que estou dizendo é que esse vento é você mesmo: que vem, que vai, que leva e que traz. Eu sou a ilha, mas também sou o vento. Sentir esse vento é perceber para onde estamos indo. Mesmo sem saber qual é o caminho, a fé na busca já amplia a esperança – disse, sorrindo.

– Para quem já encontrou o sentido, é muito mais fácil, mas nem todo mundo já sabe.

– Entendo perfeitamente, mas para achar é preciso buscar no lugar certo. E essa é a pergunta que pode começar a fazer sentido: onde você está buscando?

– A minha busca, muitas vezes, foi onde eu não encontraria nada além de um vazio imenso. Isso aconteceu quando deixei minha espiritualidade de lado, algo que sempre foi muito importante para mim. Agora, estou tentando resgatar – disse André, baixando o tom de voz.

– Mesmo quando buscamos onde não é o caminho, novas verdades se abrem e certezas chegam com aquilo que não queremos mais. Descobri muito da minha nova vida a partir do desenho. E abri um novo espaço dentro de mim por meio da arte, que alimenta meus dias – disse ela.

– Estamos conversando e não sei o seu nome.

– Yolanda. E o seu?

– André.

– Então, André, sigamos assim: prestando atenção no vento. Porque este desenho já não contempla o que eu estava fazendo quando você chegou – comentou, acrescentando outro traço.

– Como assim?

– A terra já mudou de posição, as ondas já não estão iguais, e o barco, que ia lá ao fundo, já avançou muitos metros. As cenas mudam a cada instante, quando prestamos atenção nos detalhes. O que é agora não será mais daqui a pouco. É preciso seguir, mas com vontade de viver. A vida é uma dádiva de Deus, um presente que recebemos a cada novo dia. O sol vai nascer e o sol vai se pôr. E o que foi feito deste dia? A vida também é assim: nascemos para, depois, seguirmos viagem. Que bom que estamos aqui, eu, você e tudo o que nos cerca. Hoje, sou uma ilha aberta para receber visitas, e agradeço muito sua vinda.

André permaneceu pensativo e não disse nada.

– Deixe uma marca neste meu desenho para que eu guarde de recordação – pediu, estendendo o lápis.

Ele segurou, refletiu e, mesmo achando que não tinha habilidade para tanto, desenhou uma ponte ligando a ilha ao continente.

– Desenho, então, o que aprendi nesta conversa: não estamos sozinhos – disse, devolvendo o lápis.

– Sempre existirão caminhos para o encontro de almas.

André curvou a cabeça em agradecimento e seguiu seu caminho.

MESTRE 7

O poeta

André caminhava, perdido em seus pensamentos. Eram tantas informações que já não sentia os próprios passos. Parecia mais leve, mesmo com o tempo percorrido pela areia. Como toda andança traz consigo lembranças de fatos passados, buscava na memória muito do que já havia feito ou deixado de fazer. Mentalmente, passeava pelo tempo antigo e retornava ao presente.

Depois de mais alguns passos, aproximou-se de um jovem que, de cabeça baixa, escrevia, erguia o olhar para o mar, e voltava a escrever. André resolveu parar. O rapaz aparentava 20 anos, talvez menos. Tinha longos cabelos loiros que alcançavam a metade das costas. Vestia bermuda azul-clara e camisa branca aberta. No peito, um colar feito de conchas. Estava concentrado, e André sabia que aquele não era o melhor momento para uma interrupção. Moveu-se vagarosamente, dando passos para seguir, mas foi interpelado pelo jovem:

– Você nem precisa falar, sua atitude já disse tudo.

– Bom dia – disse André, um pouco constrangido.

– É um bom-dia mesmo?

– Sim, realmente é. Inusitado, digamos assim.

– Percebi que você estava olhando, então aqui estou. Pois não? – disse o jovem.

– Sinto muito, não queria atrapalhar seu momento. É que achei curioso ver você escrevendo aqui, frente a frente com o mar – falou André, olhando para o bloco de papel que ele segurava na mão esquerda.

– Gosto de estar aqui. Sinto-me livre para escrever. Sou escritor – comentou o jovem.

– O que você gosta de escrever?

– Reflexões sobre a vida.

– Interessante! E olha que você é jovem.

– Jovem, criança, idoso... tudo depende do ponto de vista. Está olhando para a matéria ou para o espírito?

– Estou olhando para você – respondeu André, firmemente.

– Esse "eu" que você conhece apenas há alguns segundos parece algo e sugere algumas possibilidades que, talvez, não digam quase nada ou nada mesmo – disse o jovem, com um leve sorriso.

– Mas você sabe quem é?

– Em alguns pontos, sim. Em outros, não. Estamos em descobrimento, meu nobre visitante. Você é um passageiro deste tempo, igual a mim. E neste ponto da história, estamos aqui, frente a frente. Você vai levar algo desta conversa e eu também. Essa é uma experiência rica, que, muitas vezes, as pessoas não percebem. Estamos cercados de excelentes ensinamentos a cada momento. Basta querer enxergar – disse, olhando fixamente para o mar.

– Desde quando você acredita nisso que está dizendo?

– Desde sempre. Por isso, resolvi escrever. É no papel que minha alma se expressa com mais clareza.

– Não querendo ser invasivo, mas fiquei curioso sobre o que está escrevendo.

– Claro, compartilho com você com muita alegria. Sente-se.

O jovem apontou para o lado, convidando André a se sentar também, de frente para o mar. Pegou o bloco que carregava e leu pausadamente:

"Quando vida e morte se encontram, existe o tudo e o nada.

O tudo e o nada, na sua forma mais plena daquilo que se é.

Na busca da essência, perdemos muito da vida para encontrar a vida.

E gastamos muitos dos dias sabendo que encontraremos a morte.

Mas o que é a morte senão uma mudança de casa?

Na ilusão de estarmos aqui para sempre, esquecemos da passagem.

Somos os barqueiros que seguem viagem.

Em cada porto, uma nova embarcação.

Novas pessoas que já eram conhecidas.

E, dos dois lados da vida, somos recebidos.

De tanto amor, amamos e choramos.

De tanta dor, choramos e amamos.

E, entre luz e sombra, seguimos.

Perdidos, seguimos para fora.

Orientados, seguimos para dentro.

Olhando para cima, enxergamos o céu.

Mas, muitas vezes, esquecendo que o Reino de Deus está dentro de nós.

O nosso amor, a nossa fé, o nosso próprio céu e nosso próprio inferno.

Quem somos nós?

Ontem, hoje e amanhã?

Quem já fomos? Quem seremos?

A certeza está aqui, nas próprias mãos, nas infinitas possibilidades que se abrem a cada novo dia.

De estrada em estrada, vamos avançando.

Entre vales e desertos, buscamos nossa essência.

E qual o sentido disso tudo?

Existe algum sentido?

Qual o seu sentido?

De estar aqui e seguir.

Seguir ou parar?

Parar ou correr?

Correr para fugir? Correr para achar?

Ah, quantas perguntas sem respostas.

Elas não estão respondidas até agora, pois existe apenas alguém que poderá respondê-las: esse sábio que mora internamente em cada um. Que ajuda a percorrer os vales sombrios com seu lindo lampião da eternidade. Encontrar com ele é encontrar uma chave. Nessa chave está a esperança. É ali, na dobra do tempo, que existe o espelho seu com você mesmo, refletindo o muito não dito. E daquilo que já foi dito, que vira a própria verdade. Qual a verdade? Qual a sua verdade? Ah, quanto tempo para encontrá-la. O bom é saber que tudo está aí, mais perto do que se pensa, pois é dentro que se escondem os verdadeiros tesouros da alma. É só deixar vir. Abrem-se as comportas para o amor, que tudo sente, que tudo vê. Aquele que ama, amplia. Escuta. Enxerga. Ele apenas pede para ser o que é. Na sua mais simples forma, sem buscar todas as explicações. Só amor. Só amar. Sem mais. Sem menos. E dar dimensão ao que não tem nome. Nem céu, nem nada. Somente mar."

André ficou completamente congelado pelas palavras. Pelo canto do olho, percebeu o jovem olhando para baixo. Ao virar-se para ele, notou que estava fitando novamente o escrito no papel. E, então, o inusitado aconteceu: lentamente, começou a rasgar a folha. Uma vez, depois outra, até reduzi-la a pequenos pedaços.

O silêncio era absolutamente confortável. Não havia constrangimento, como acontece tantas vezes nos silêncios forçados. Era um espaço criado sem prévia combinação, que permitia a cada um ser o que era. Depois de algum tempo, André resolveu falar:

– Mas por quê? – perguntou, olhando fixo para o papel.

– O quê? O texto? Eu escrevendo em frente ao mar? O papel? – perguntou o jovem.

– Você entendeu – disse André, virando o rosto para ele. – Por que você rasgou?

– Porque há coisas que o mundo não precisa saber. Nem tudo precisa ser contado a todos.

– Você quer ser escritor sem que os outros leiam?

– Eu sou escritor do que minha essência pede. Apenas deixo vir. Por mim. E quando necessário, para os outros também. No caso, era para ser dito aqui, uma vez, somente para você.

– Seria pretensão minha apenas eu saber, não? – disse André, pegando um pedaço do papel rasgado.

– Aceitar é também entender que existem coisas que são para nós. Aparecem pelo nosso caminho. O que fazemos com o que chega é que vai direcionar para onde pretendemos continuar.

André voltou a olhar para o mar. Levantou-se, suspirou fundo e agradeceu. Já era hora de voltar para casa.

Voltando para casa

O tempo passou voando com tantos encontros, e já era hora de voltar. André andou lentamente, refletindo sobre as conversas que havia tido. Vários pensamentos vinham à sua mente, que, por vezes, ficava calma e, outras, muito agitada. Depois de algum tempo, chegou em frente ao prédio onde morava sozinho. Estava tudo igual, mas, ao mesmo tempo, não era como antes. As conversas que havia vivenciado deixaram impressões como um convite para um ponto de virada. Sabia que muita coisa mudaria a partir dali, mesmo sem ter certeza do que seria. Tinha consciência de que precisava aproveitar aquele momento para deixar para trás o que não queria mais e investir no que desejava construir.

Quando foi entrar pela porta principal, viu muitas formigas ao lado da grama, que iam e vinham em fila. Ficou parado, apenas observando aquele movimento lento, enquanto na rua os carros passavam apressados. Elas carregavam folhas muitas vezes maiores que o próprio tamanho. Começou a pensar sobre tudo o que também carregava no dia a dia: o que queria e o que fazia sem nem mesmo saber por que ainda aceitava continuar fazendo. Notou que aquele movimento dos pequenos seres tinha muito do que precisava aprender: colaboração, continuidade e sentido.

O Universo, que sempre chamara sua atenção, deu uma dimensão ainda maior para tudo. Olhou para o céu e voltou a olhar para as formigas. Pensou no micro e no macro, de seres tão pequenos às galáxias tão distantes. Passaram-se alguns minutos, e sua atenção foi despertada por uma voz masculina, grave:

– Bom dia, Seu André! – disse o zelador, carregando uma sacola.

– Bom dia, Seu Arnaldo.

O zelador era um homem viúvo que morava havia dezessete anos no próprio prédio. Muito atencioso e gentil, sempre tinha palavras que traziam alegria para aqueles que cruzavam seu caminho. Era baixo, tinha cabelo grisalho, um nariz grande e uma característica peculiar: sempre usava uma boina. Possuía uma coleção delas e, a cada dia, escolhia uma cor diferente.

– E o mar hoje, estava bom? – perguntou o zelador.

– Estava bem diferente.

– Como diferente?

– Diferente porque encontrei algumas pessoas no caminho e resolvi conversar com elas, algo que nunca fiz assim, tão aleatoriamente.

– Ah, você está se parecendo comigo então. Já viu que converso com todo mundo aqui no prédio e na rua.

– Sei, sim, Seu Arnaldo. E quantas histórias o senhor tem para contar é algo indescritível. Tinha que escrever um livro ainda.

– Meu livro está aqui – disse, tocando com o dedo indicador direito na cabeça.

– E qual a página desse livro que dá para abrir hoje? – perguntou André, rindo.

– Pelo horário agora, a página está cheia. Já falei com muita gente que saiu e voltou. Uns dão somente um bom-dia, outros conversam mais, alguns riem, outros lamentam, outros falam de futebol... cada um com suas histórias. O prédio tem muita gente. Alguns já faleceram, outros nasceram, há os que foram embora e os que estão chegando – disse, olhando para o relógio no pulso direito.

– Quase uma imitação da vida, não é mesmo?

– Isso aí, Seu André. Muito parecido com uma estação de trem: uns chegando e outros partindo.

– E a mala, Seu Arnaldo? O que levar para essa viagem?

– Ah, essa é uma grande pergunta. Você sabe que, para mim, a espiritualidade é muito importante. Acredito que, na mala, cada um leva aquilo que fez de si mesmo e da própria vida. Até porque estamos na Terra, e aqui é um grande hospital, uma grande escola e um lugar de trabalho.

– Estamos matriculados, acamados ou trabalhando?

Seu Arnaldo deu uma longa risada, tirou a boina e passou a mão pelos cabelos lisos e grisalhos, recolocando-a em seguida.

– Cada um com a sua história, trazendo aquilo que veio curar e aprender.

– Não é fácil, não é mesmo? – suspirou André.

– E quem disse que ia ser, Seu André? Ninguém está aqui a passeio. Também há muitos espinhos para enfrentar. E nessa beleza de dores e amores, a gente vai seguindo. O ponto-chave, para mim, é o quanto cada um está disposto a acordar e pegar a própria vida nas mãos com coragem, força e fé.

– Se eu colocar na balança, minha coragem está pouca, a força mais ou menos, e a fé, estou tentando avivar – disse, olhando para a rua e o movimento dos carros.

– E está tudo bem. Talvez acolher isso que o senhor traz seja um grande passo. Temos a eternidade para seguir – disse, batendo com o dedo indicador no relógio. – Agora, é só mais um tempo na convenção das horas.

– Faço questão de agradecer o seu tempo. Obrigado por poder me ouvir – falou André, tocando o ombro direito do zelador.

– Seu André, não precisa me agradecer por ouvir. Agradeça a si mesmo por poder se ouvir – sorriu, afastando-se aos poucos.

André não soube o que responder. Não percebeu que estava começando a ouvir mais o que sentia, o que temia e o que ainda desejava aprender. A jornada para dentro estava sendo encantadora, mas também assustadora. Olhou para o zelador como nunca antes. Notou que jamais havia lhe trazido sequer um simples presente. Talvez esse fosse um dos primeiros passos: entregar uma lembrança àquele homem tão gentil, que estava ali como um guardião. Imaginou que uma boina seria uma ótima escolha e faria isso na primeira oportunidade.

Seguiu até o elevador de serviço, subiu e abriu a porta do apartamento. Só queria tomar um banho longo, deixando a água bater no corpo enquanto mantinha a mente quieta. Estava cansado e sabia que podia se permitir sentir-se assim. Saiu do banho, secou-se, vestiu uma bermuda e uma camisa antiga que adorava – daquelas que insistem em permanecer no armário. Foi à cozinha saciar a fome e a sede. Após escovar os dentes, atirou-se no sofá confortável e adormeceu por longas horas. Um sono profundo e reparador.

MESTRE 8

O leitor

Passaram-se algumas semanas, e André decidiu voltar a caminhar na areia da praia. Queria sentir novamente aquela energia diferente que experimentara nas conversas anteriores. Andou até se aproximar da orla e pisar na areia. Depois de caminhar aproximadamente duzentos e cinquenta metros, um senhor idoso, sentado em uma cadeira de praia, chamou sua atenção. Aparentava ter por volta de 80 anos e ostentava um longo bigode totalmente branco. Usava um chapéu de palha, bermuda larga amarela e uma camisa regata florida. André foi em sua direção sem saber ao certo o motivo, nem como seria recebido por aquele estranho. Só sabia que precisava ir para aquele novo encontro.

– Bom dia! – disse André.

– Bom dia, meu jovem. Difícil isso, não? – falou o senhor, intrigado.

– Desculpe, senhor, mas o que é difícil?

– Esse "bom dia" efusivo. Chegar em alguém dessa forma, com toda essa energia.

– É difícil acontecer?

– Sim, fazia tempo que alguém não vinha assim na minha direção dessa maneira. Acho que as pessoas estão com medo umas das outras. Medo de falar, medo de ouvir, medo de compreender... e medo de muitas coisas. Como o medo pode ser paralisante, diria que as pessoas estão correndo muitas vezes sem saber aonde ir. Mas aqui está você, que eu nem vi surgir. Parece que brotou do chão. Está indo para onde? – perguntou, erguendo levemente as sobrancelhas.

– Sinceramente, poderia dizer que estou apenas caminhando. Mas, quando o enxerguei, vim mesmo em sua direção. Parece que um ímã me chamava para este contato.

– Que bom! Então, seja bem-vindo!

– Algumas pessoas apareceram no meu caminho algumas semanas atrás, e acredito que outras virão. Só que é muito difícil explicar o que está acontecendo.

– Entendo perfeitamente. Quando algo tão simples acontece de forma realmente singela, parece difícil acreditar. A questão principal é que você permitiu que esses encontros acontecessem, como o de agora. E a vida diz "sim" para nossas atitudes, sejam elas boas ou ruins – falou o senhor, passando a mão no bigode.

André olhou para o lado da cadeira, onde havia um livro sobre uma sacola grande, com a capa virada para baixo e um marcador de texto entre as páginas. Ficou curioso com a cena.

– Pelo visto, o senhor gosta de ler à beira-mar? – André apontou para o livro.

– Muito! Venho todos os dias. Descobri isso ao longo do tempo. Percebi que ler escutando o som do mar é relaxante. Onde estou, um livro está junto. Para mim, qualquer tempo é momento para leitura: uma página, cinco páginas, muitas páginas... O grande problema é nenhuma página – disse, soltando uma risada longa e marcante.

– Agora fiquei curioso. Posso saber o que está lendo?

O senhor pegou o livro e abriu na página marcada. Olhou fixamente para o texto e permaneceu em silêncio por alguns segundos.

– O pequeno livro da vida, de Kahlil Gibran. Aqui, nesta página, "Oceano e espuma" – disse, levantando os olhos para André.

– Nada mais propício. Poderia ler?

– Obviamente que sim, meu caro. Vamos lá! – respondeu, baixando os olhos, respirando fundo e iniciando a leitura: "Disseram-lhe que, como uma corrente, você é tão fraco quanto seu elo mais fraco. Isso é apenas meia-verdade. Você também é tão forte quanto seu elo mais forte. Medir-se por seu menor feito é calcular o poder do oceano pela fragilidade de sua espuma. Julgar-se por seus fracassos é culpar as estações por sua inconsistência"[1].

Fechou o livro.

Os dois permaneceram em silêncio, como se respeitassem profundamente a liberdade um do outro. André sentiu as palavras vivas no coração, pois estava se vendo frágil como espuma e havia esquecido, com o tempo, de toda a força que possuía. Várias histórias de sua vida passaram como cenas rápidas, mostrando o quanto fora forte para chegar até ali. Agora, o mar e o rugido de sua imensidão despertavam lembranças daquilo que permanecera adormecido.

– Estava se sentindo mais espuma? – perguntou o senhor.

– Quanta espuma! Esqueci do poder desse oceano – respondeu André, cruzando os braços.

– E quem nunca virou espuma? A vida é inusitada e cheia de momentos em que somos frágeis, mas também muito fortes. Esses dois lados opostos se encontram e se

1 O pequeno livro da vida, de Kahlil Gibran, editora Best Seller.

desfazem, se perdem e se acham. Certa vez, virei tanta espuma que pensei que fosse desaparecer na fragilidade do que acontecia, mas tinha certeza de que a grande batalha da vida é nossa conosco mesmos.

– Estou começando a acreditar que sim.

– Será que, se não olhássemos para essa espuma que somos tantas vezes, teríamos certeza do outro lado dessa dimensão, que é nossa grande força para viver, seguir e buscar aquilo que realmente somos? – disse, passando a mão pela capa do livro.

– Acho que o grande ponto, no meu caso, sempre foi a cobrança. Cobrança de uma vida inteira comigo mesmo. Isso sufocou algumas questões internas. Sei que não nos conhecemos e estou aqui expondo algo tão íntimo, mas foi por esse caminho que me perdi.

– Nenhum contato acontece por acaso. Tudo está ligado e conectado neste Universo. Você se sentir assim é natural por eu ser um desconhecido, mas somos almas caminhando pela Terra – respondeu, apontando para as pessoas que andavam e corriam na areia.

– O senhor acredita que as pessoas têm dificuldades em se entregar de verdade?

– O que penso é só um recorte da minha visão limitada. Acredito que, muitas vezes, é pela grande vontade de ser aceito. Muitos vivem pelo olhar dos outros, o que o outro espera, analisa, critica ou elogia. Aos poucos, vão se deixando levar, e os olhos acabam enxergando muito mais pelo lado de fora do que pelo de dentro. O coração diz algo, mas o externo aponta outras direções. E para agradar o externo, abafam e sufocam a própria essência. É preciso coragem para se libertar. Somos espuma e somos força. Aceitar isso faz a diferença. Aceitar como somos, buscar mudar e reconhecer nossos equívocos é evolução – fez uma breve pausa e prosseguiu: – A espuma também nos fortalece porque nos mostra as fragilidades. E pode ser perfeita pela leveza que carrega. Quando conseguimos unir esses dois lados, nos tornamos quem realmente somos, com receios e angústias ou sem eles, mas seguindo.

– Eu achava que sabia para onde ir, mas muitas vezes os caminhos mudam, e chegamos a encruzilhadas difíceis de decidir. Cada decisão leva a algum lugar, e cada um deles traz infinitas possibilidades. Será que o lugar escolhido vai ser certo? É isso que gera tanta ansiedade – disse André, olhando pensativo para o mar.

– Percebe? O medo presente e pulsando. Se eu decidir agora, o que acontecerá depois? E depois do depois? E se for de outro jeito? E os pensamentos vão aumentando como um turbilhão, travando e apertando o coração. A ansiedade toma conta pelo que vai acontecer. Sabe o que percebi em mim e em muitos amigos? Queremos um mapa pronto da vida, com respostas seguras. No entanto, a vida segue e, a cada momento, precisamos decidir e escolher. Para lá ou para cá, serão estradas distintas, todas com suas belezas, perigos e incertezas. Não tenho certeza se estarei aqui ainda hoje. E se, ao entardecer, for convidado a deixar esta vida? Talvez eu nem fique para o jantar. Estarei preparado? Muitas coisas serão novas e diferentes. Por isso, é preciso coragem para viver. Sem coragem, sucumbimos – disse, suspirando profundamente.

– Só que há outra questão que sinto de verdade: o tempo perdido. Vejo o quanto deixei para trás e que poderia ter aproveitado de outra forma – disse André, baixando levemente a cabeça.

– Cuidado ao abaixar a cabeça. Olhar para baixo ou para trás é importante para refletir, mas seguir adiante é o caminho. O que foi não volta mais. Congelar-se em pensamentos autodestrutivos sobre o passado não impulsiona a vida. Se houve equívocos ou momentos que poderiam ter sido aproveitados de outra forma, que isso sirva para o que será feito agora. É somente este instante que temos. Olhar para cenas anteriores sem criar o presente é morrer aos poucos. Agora é o momento de seguir – disse em tom afirmativo.

– Consigo compreender tudo o que o senhor fala, mas não é fácil. Realmente não é – disse André, com angústia.

– Se me permite, diria que está começando a sentir. Entender pelo lado racional é bom, mas também precisamos sentir a vida. Falar sobre o mar é diferente de mergulhar nele e sentir o impacto das ondas e do sal na pele. Sentir é entrar em contato com o que temos de mais profundo. Pensar ajuda muito, mas a permissão para viver é o que faz diferença.

– Vamos ver se consigo.

– Tudo já está aí. Basta retirar o que não é seu para deixar o que já é. Uma conversa aberta como esta mostra que você está no caminho. Agradeço imensamente, pois aprendi muito com você. Pode ter certeza disso – disse, tocando firme o ombro de André.

– Eu que agradeço. Vou guardar esta conversa, lembrando sempre do que o senhor falou – disse André, estendendo a mão para cumprimentá-lo.

– Foi um prazer conhecê-lo – respondeu o senhor, apertando firme e demoradamente sua mão.

As frases do livro haviam se tornado reais. André caminhou até o mar e entrou. Juntou as mãos e lançou água para o alto. Ao longe, o senhor sorria sozinho, com seu longo bigode branco. Tinha a certeza de que aquele novo amigo estava unindo espuma e oceano de uma só vez.

MESTRE 9

A observadora

"Quantos passos damos em apenas um dia? E quantos em uma vida inteira?" André pensava em voz alta, balbuciando algumas palavras. Quem o visse dessa maneira poderia até estranhar, mas ele já não se importava. Apenas caminhava. Tentava compreender um pouco mais de Deus e percebia que não estava só neste mundo. No íntimo, começava a entender a mensagem da vida que ganhava forma. Aquele dia era um presente, uma bênção vinda de várias pessoas.

Ao seguir firme pela areia por alguns minutos, percebeu uma cena inusitada: salva-vidas corriam para dentro do mar. Um resgate estava prestes a acontecer. André apressou o passo e, logo em seguida, também começou a correr. Queria ver mais de perto o que ocorria. Muitas pessoas, naquele ponto, observavam com curiosidade os dois salva-vidas que tentavam retirar do mar um homem que se afogava.

– Preciso ajudar – disse André para uma senhora que também acompanhava a cena.

– O senhor é salva-vidas?

– Não, não... – respondeu rápido.

– Já ajudou alguma vez em um caso assim?

– Também não – disse ansioso.

Estava muito nervoso com o que via. Ao lado, notou uma mulher negra, baixa, aparentando 75 anos. Seus olhos, profundos e escuros, pareciam guardar mistérios antigos.

– Então, cuidado. Ao ajudar sem saber, pode se machucar ou acabar machucando os outros – disse ela serenamente. – Estamos presenciando uma cena que acontece todos os dias em alguma praia do mundo. Eles que estão ali são preparados, sabem como realizar o salvamento. Além do preparo, usam os equipamentos corretos. Qual equipamento você usaria? – perguntou olhando diretamente para André.

Ele olhava para ela e voltava-se para o mar, acompanhando a ação. Percebia como os profissionais atuavam com tranquilidade, apesar da gravidade da situação. Entendeu que quem estava mais nervoso era ele próprio.

– É, não tenho equipamento algum. Apenas iria entrar na água e... – não terminou a frase.

– E talvez se afogasse também, pois ali é um local muito perigoso, sabia? – disse a mulher com voz firme.

– Não, nunca tinha prestado atenção nesse ponto específico.

– Essa é uma questão delicada. No impulso de ajudar, poderia, mesmo sem querer, dar ainda mais trabalho aos salva-vidas. Em vez de resgatar um homem, teriam que resgatar dois.

– Não tinha pensado nisso – suspirou André.

– Muitas vezes, na ânsia de socorrer, podemos atrapalhar. Para ajudar, também é necessário ter sabedoria.

Enquanto conversavam, o homem já era retirado do mar. Parecia assustado, mas estava bem.

– Que bom que o resgate deu certo. Agradeçamos a Deus. E aos salva-vidas – disse ela, unindo as mãos como em prece.

André ficou em silêncio. Lembrou-se de sua vida e de quantas vezes, com a intenção de ajudar, agira de forma precipitada. Sentia-se afoito em muitos momentos e, na ânsia de proteger quem amava, não permitia que o processo natural das escolhas acontecesse. Seu pensamento foi interrompido por uma salva de palmas das pessoas que acompanhavam. Uma vida tinha sido salva.

– Muitas vezes, queremos auxiliar, mas é preciso entender como fazê-lo – disse a mulher, batendo palmas junto aos outros.

– Sim, estou percebendo. Definitivamente, era algo em que não pensava com clareza. Ainda vou refletir sobre isso.

– Não vamos deixar de ajudar, meu filho. Devemos estar sempre prontos, com o olhar atento para quem precisa. Essa intenção é a verdadeira compaixão. No entanto, compreender quando não ajudar também é ajudar. Muitas vezes, fazer pelo outro é retirar-lhe a oportunidade de realizar seu próprio trabalho. Não digo isso apenas por pensar assim – falo por experiência.

Enquanto ela falava, André observava os salva-vidas, o homem resgatado e seus familiares.

– Ajudar e não ajudar são dois presentes que temos nas mãos – prosseguiu a senhora. – Podemos estender a mão, mas não podemos caminhar pelo outro. Deus está sempre conosco, mesmo quando não estamos com Ele. Sua bondade é tão grande que nos permite escolher. Porém, na mesma medida, devemos ter maturidade para compreender as consequências dessas escolhas.

– Ajudar ou não ajudar? Difícil escolha, porque nem sempre sabemos o que é melhor – disse André, passando a mão pela cabeça.

– O tempo ensina, por meio das vivências. Isso faz parte do nosso crescimento. Eu mesma costumava ajudar uma pessoa em uma tarefa, achando que ela não daria conta sozinha. Fui criando esse hábito, convencida de que faria muito melhor. Um dia, cheguei atrasada e encontrei tudo em andamento - com calma e segurança. Fiquei desconcertada. Percebi que gastei energia à toa, por muito tempo, fazendo algo que não precisava ser meu. Indaguei: "Por que você nunca disse que sabia fazer tão bem?" E ela respondeu: "Você não perguntou".

– A senhora tinha receio de que ela errasse?

– Parecia que sim, mas olhando para dentro, percebi que era orgulho. Achava que apenas eu poderia fazer, esquecendo-me das possibilidades do outro.

– Então somos parecidos. Parece que está contando minha história. Tenho dificuldade em confiar e delegar. Sinto que preciso fazer para garantir que saia perfeito – disse André.

– Muitas vezes, nos fechamos em nós mesmos. Essa clausura nos mata aos poucos, se não soubermos olhar para o outro com amor. Será que nos amamos de verdade? – perguntou a senhora, fitando-o.

André silenciou. Sabia a resposta, mas custava admitir. Falava sobre o amor, ajudava por amor ao mundo, mas não se permitia ser amado. Racionalizava o amor em palavras vazias. Ela continuou:

– O amor é uma conquista. Encarar nossos medos e reconhecê-los já é um passo. O amor não está no fim da jornada – é a própria jornada. Olhar para dentro pode doer, mas enriquece a alma.

– O caminho não parece curto – disse ele, esfregando as mãos.

– Curto, longo, com ou sem paradas... A verdade é que será percorrido de qualquer forma. Cada um segue o seu.

– Para onde? – perguntou André rapidamente.

– Boa pergunta, mas essa, meu filho, você terá que fazer a si mesmo – disse ela, sorrindo, antes de se afastar devagar.

MESTRE 10
O dono do quiosque

André parecia um viajante que caminhava sem água havia muito tempo e, em cada palavra, bebia um pouco de vida. Depois de alguns minutos andando, não percebeu que passava diante de um quiosque. Um som alto e grave chamou sua atenção:

– Tem milho, tem sorvete, tem suco de laranja!

A frase foi repetida com ainda mais força. André parou, olhou e viu um homem alto, ruivo, aparentando 60 anos ou mais. Tinha barba muito bem-feita e um nariz grande e largo, que sustentava óculos redondos prateados.

– Não tinha visto o senhor – disse André, aproximando-se.

– Talvez seja o sol. Tanto brilho que esconde o meu quiosque aqui – respondeu, rindo. – Agora está bem forte.

– Sim, muito quente mesmo.

– Difícil, né?

– É, fácil não é – respondeu André prontamente.

– Os dias estão difíceis. Quanta coisa para resolver nesta vida – disse o senhor, enquanto passava um pano no balcão.

– Com toda certeza. Dificuldade sem fim, meu amigo – afirmou André, balançando a cabeça.

– Sem falar nos boletos, nos conflitos, nas doenças e no porvir – continuou, já sem expressar sorriso algum.

– Concordo muito com o senhor. A mente sempre ocupada, o coração acelerado, e tudo parece uma grande bagunça. Quando termina uma coisa, já vem outra – disse André, como se tivesse esquecido rapidamente das conversas que tivera momentos antes.

– Deseja alguma coisa?

– Pode ser uma água. Outro dia, ganhei uma de um vendedor na praia; mas hoje vim prevenido, com meu dinheiro.

Nesse instante, o senhor ficou em silêncio. André sentiu-se desconfortável com a pausa prolongada. Aos poucos, o silêncio ganhou outro tom, pois o homem voltou a sorrir.

– Apesar de estarmos em um quiosque, quis saber se você deseja alguma coisa além da água... da vida mesmo.

A frase foi desconcertante. André não sabia o que fazer com a pergunta e permaneceu sem reação.

– Entendo que pareça difícil responder – disse o senhor, entregando-lhe a garrafa. E continuou: – Preciso contar uma coisa. Quando começamos a conversar, fiz algo que costumo fazer com desconhecidos que chegam aqui: começo falando mal do tempo, dos boletos e da vida, para ver o que acontece. Na maioria das vezes, a sintonia se estabelece; a pessoa se conecta comigo e amplifica as ideias negativas que eu trouxe. Aí, fala mal do calor, da família, das dificuldades do dia, e isso toma grandes proporções. Então, vem a mágica: mudo o rumo e passamos a falar daquilo que também nos faz bem.

Certa vez, conversando com um amigo mais velho, chamado pela turma de "Boníades", ouvi dele uma frase que nunca esqueci: "Cuide da vida, que a vida cuida de você". O quanto desse olhar, para o mundo externo e para o interno, transforma conversas banais em reflexos de quem somos? O que deixo para você e o que você deixa para mim nessas trocas?

André tomou um gole de água, pensativo.

– Qual o seu nome?

– Túlio. Bem-vindo à Banca 11 – disse, arrumando alguns pratos no balcão. – E o seu?

– André. Muito prazer. Sabe que achei interessante a sua mágica com as palavras. Sobre tudo o que falou, parece que esquecemos o quanto algumas conversas nos tiram energia. O turbilhão do dia nos consome e entramos na reclamação sem perceber. No começo, achei que o senhor estava falando sério mesmo. Só fui sincero e disse o que penso porque, às vezes, estou indignado com muitas coisas – confessou, um pouco nervoso.

– Você se sente assim? – quis saber o senhor, olhando-o fixamente.

– Sim, com certeza. Venho conversando com muitas pessoas, mas, realmente, o estresse tem feito parte da minha vida. O lado bom é que já comecei a perceber o que não quero mais para mim – disse André, apoiando-se no balcão de madeira envelhecida.

– Então vamos começar de novo: como está o dia hoje? – propôs Túlio, também se apoiando no balcão.

– Curioso, interessante e, com certeza, cheio de vida.

– O que quer dizer com "cheio de vida"?

– Tenho conversado com algumas pessoas e cada uma delas traz frases, pensamentos e ideias que eu precisava ouvir.

Até nas conversas mais banais, percebo um enlace entre nós, que estamos presentes neste momento da vida. Era algo que não valorizava nos últimos tempos, ou, talvez, não quisesse valorizar – respondeu André.

– Então percebe que, com um simples recomeço de conversa, só por eu ter mudado a sintonia e seguido outro caminho, você também se conectou a coisas boas? Quando falei do calor e dos boletos, você deixou de estar na sua frequência para entrar na minha, sem nem me conhecer. E conversas simples são assim: podem tomar contornos que levam a lugares inesperados. Faço isso como uma provocação saudável. Senão, ficamos na superficialidade do "bom dia, boa tarde, boa noite". Eu desejo mais da vida do que isso e tento fazer minha parte. Uma vez, um senhor saiu bravo daqui com minha provocação. Disse que nunca mais voltaria. E nunca mais voltou mesmo – contou, separando alguns milhos.

– Eu vou ficar aqui, não vou fugir – disse André, olhando para uma placa de madeira ao fundo do balcão, na qual estava esculpida a frase: "Já agradeceu por hoje?". Apontou e continuou: – Acho que tenho que aprender mais com aquilo ali.

O senhor virou a cabeça levemente e olhou a placa pelo canto do olho.

– Ah, estou aprendendo até hoje. Somos nós que mudamos nossa percepção sobre isso, trazendo à tona as respostas que nos habitam.

Percebendo a emoção do momento, Túlio abriu uma pequena gaveta ao lado do balcão e retirou um grande bloco de papel amarelado pelo tempo. Começou a ler o título na capa:

– Agradecer é uma forma de reconhecimento pelos presentes da vida.

André fixou o olhar naquele bloco.

– Sabe, certa vez anotei esse pensamento e tive uma ideia: pedir a cada cliente que escrevesse uma frase, com uma condição: a primeira palavra tinha que ser "agradeço". A maioria participava, deixando aqui o que sentia – explicou Túlio, dando três tapinhas no bloco.

– O senhor lembra quem escreveu cada frase?

– Não, foram muitas pessoas. Pedia apenas que deixassem alguma mensagem para que outros pudessem ler depois. Esse é um bloco, mas tenho outros três. Quer ler algumas? – ofereceu, virando o bloco para André.

– Com certeza. Era exatamente o que eu ia pedir.

André abriu a primeira página e encontrou grafias diversas, escritas com lápis, canetas azul, preta e vermelha. Letras bonitas e outras nem tanto. Era como entrar no mundo de muitas pessoas. Leu em voz alta, calmamente:

– Agradeço aos meus pais que já se foram, mas permanecem no meu sangue e na minha alma. Agradeço aos problemas que me fizeram crescer. Agradeço ao amor que encontrei dentro de mim. Agradeço a todos que estiveram ao meu lado quando tive câncer de mama. Agradeço aos que me cuidaram e aos que me ofenderam, pois aprendi a ser mais amorosa, mesmo na dor. Agradeço ao porteiro do meu prédio, que foi a única pessoa a conversar comigo durante um ano sombrio. Agradeço às minhas duas filhas, que me ensinaram o verdadeiro sentido de eu estar aqui agora. Agradeço aos meus ancestrais. Agradeço ao sol que nos ilumina e ao famoso suco de laranja da Banca 11. Agradeço às bênçãos recebidas. Agradeço a três amigos verdadeiros: Luan, Renê e

Tio Osvaldo. Agradeço à minha família espiritual. Agradeço às portas que se fecharam, pois mais tarde percebi que era Deus me protegendo do que não era para mim. Agradeço aos meus cachorros, que me ensinaram mais do que eu imaginava. Agradeço à minha mãe, que criou quatro filhos sozinha quando meu pai foi embora. Agradeço por estar viva após um acidente muito grave.

Fez uma longa pausa, folheando mais páginas, mas decidiu parar.

– Como você vê, estes são apenas alguns agradecimentos anotados ao longo do tempo. Quer contribuir com a sequência? – disse Túlio, colocando uma caneta preta sobre o balcão.

André pegou a caneta em silêncio. Imagens de pessoas importantes passaram por sua mente. Sabia que tinha um agradecimento único para cada uma delas, mas, no momento, deixaria apenas uma mensagem. Curvou-se, pensou por alguns instantes e escreveu: "Agradeço à vida por tantas pessoas que me ensinaram o verdadeiro significado da palavra 'amor'." Entregou o bloco ao dono do quiosque, que leu em silêncio.

– Outros caminhantes poderão se inspirar na sua mensagem, porque nossa vida continua nos outros – disse Túlio, fechando o bloco.

André agradeceu pela oportunidade e pela conversa. Antes de deixar o local, ergueu os olhos mais uma vez e viu a antiga placa de madeira: "Já agradeceu por hoje?"

MESTRE 11

O libertador

André seguiu e caminhou por cinco minutos próximo da água. Quando parou, decidiu olhar tudo minuciosamente. As ondas iam e vinham. Os pássaros voavam baixo e logo pousavam na areia. O vento parecia estar um pouco mais forte. Fechou os olhos e assim ficou por algum tempo. Sem esperar, ouviu uma voz masculina que se aproximava.

– Tudo isso tem algo em comum.

O tom mais grave chamou sua atenção. André virou o rosto e, às suas costas, a três metros de distância, estava parado um homem de barba branca comprida, que aparentava mais de 80 anos. A pele muito clara era marcada por rugas profundas. Vestia uma longa bermuda cinza-escuro e estava sem camisa. No peito, levava um colar de pedras coloridas que brilhavam. Espantado pela cena inusitada, André fixou o olhar naquele senhor sem saber o que dizer.

– Sim, tudo que você está olhando neste instante tem algo em comum – repetiu ele.

– Prazer, André – disse, estendendo a mão para cumprimentar o senhor.

– André, o buscador. Já estava à sua espera. Sabia que um dia passaria por este pedaço de areia. Uma andança que vem de outras caminhadas – suspirou e continuou: – Longas caminhadas.

A cena daquele homem parado era inusitada, mas tudo era ainda mais estranho porque, nos outros casos, as apresentações tiveram alguma forma objetiva e racional de contato. Esse era um momento diferente e intrigante.

– A gente se conhece? – perguntou André, curioso, olhando para o colar em seu peito.

– Talvez... quem sabe?

– É... quem sabe? É que não estou lembrando – disse André rapidamente.

– Às vezes, surjo por aqui durante o dia. E faço isso de vez em quando mesmo. Falo com as pessoas aleatoriamente, tanto as que conheço como as que não conheço – disse, enquanto passava a mão no colar.

– Esse contato foi uma surpresa mesmo. Qual seu nome?

– Norberto. E isso tudo que você está vendo tem algo em comum. Já percebeu?

– Esse algo em comum que o senhor diz tem muito a ver com o que estou sentindo agora. Acho que estou percebendo mais um pouco dessa unidade em tudo, de uma beleza pronta para ser desfrutada e daquilo que abençoa nossa vida – André suspirou, um pouco eufórico.

– Muito interessante o que você acabou de falar, Sr. Caminhante – disse, sorrindo levemente –, mas não é sobre isso que estou falando.

André ficou um pouco desconcertado, apesar de também ter sido elogiado. A opinião dos outros sempre tinha sido muito importante em sua vida. Uma contrariedade exposta assim tão diretamente, mesmo que de maneira gentil, tinha um grande peso e significado.

– Bom, posso trazer outras teorias a respeito do que o senhor disse, mas talvez nenhuma delas seja aquela que o senhor esteja pensando neste momento, Sr. Norberto. Que tal ajudar? – falou, passando a mão na cabeça.

– Quer arriscar novamente?

– Até tentaria em outra oportunidade, mas hoje estou aprendendo tanto com os outros que minha voz já está preferindo calar, e meus ouvidos aguçados querem escutar um pouco mais.

– Controle – disse Norberto.

– Desculpe, mas não entendi.

– Não existe controle para nada disso que você está vendo agora. Pássaros que vão, ondas que vêm, ventos que sopram fortes ou fracos, conchas que se movimentam, algas que balançam, bancos de areia que estão aqui e logo não estão mais. Assim como tantas outras coisas na vida, querer ter o controle aprisiona, sufoca e abre espaço para muitos medos. O controle faz parte do controlador, que está preso na própria mente. Ele necessita estar direcionado para manter tudo de uma forma estruturada e sem espaço para o inusitado. Qualquer coisa que aconteça diferentemente do previsto pode gerar uma insegurança muito grande, pois não está naquilo que foi planejado – falou Norberto, fazendo uma pausa antes de complementar. – Cada um tem os seus próprios motivos para esse controle.

André puxou o ar pelo nariz profundamente e soltou pela boca de uma só vez. O pensamento trazido seguia como uma flecha para um dos seus maiores desafios. Era algo difícil de escutar, pois sabia que essa era uma grande verdade e um dos seus pontos fracos. Ficou pensando no que iria falar antes de responder rapidamente. Passaram-se alguns minutos, mas o tempo, mesmo curto, parecia uma eternidade.

– De onde o senhor veio? – questionou André, olhando novamente para o colar em seu peito.

Ele somente sorriu e não respondeu.

– Mistério... acho que só estou um pouco cansado desta caminhada e de outras. Nem isso me permito sentir.

– Não tem problema algum. A gente pode parar por aqui. As palavras podem cessar, mas o vento vai continuar, os pássaros vão seguir e o mar também – disse Norberto, olhando para o horizonte.

– Está tudo bem, acho que podemos falar sobre tudo. Por que o senhor falou sobre o controle justamente sem saber como eu sou? – os dois caminharam deixando a água bater em seus pés.

– Disse que já estava esperando por você, pois também faz parte da estrada conhecer pessoas antes mesmo do encontro.

– OK, já percebi que o senhor tem algumas questões que não quer contar, como, onde e quando, mas não estou entendendo realmente. Não sei onde quer chegar com isso – disse André, agachando-se e deixando a água molhar suas mãos.

– Já estou no lugar que quero estar. Aqui e agora. Não estou indo a lugar algum, nem tenho intenções em cada frase. Porque, em certo momento da minha vida, essa luz iluminou com tanta força que despertei – disse Norberto, olhando para uma ave que voava próxima.

– Qual luz? – perguntou André.

– A luz da descoberta do não controle. Também era um grande controlador, Sr. Caminhante. Todos nós temos pontos a serem melhorados. Aqueles que nos prendem e precisam ser vistos com calma. E somos presos por aquilo que, muitas vezes, nem sabemos. Olhando assim, na forma que pontuei a frase, tudo parece simples. Só que nossa caminhada exige continuidade, perseverança e esperança. Olhar para dentro é se permitir enxergar de verdade muito do que nem sabemos que está ali. No caso, quando estava falando com você, na verdade estava conversando com o meu eu antigo. E talvez, ele tenha tocado você profundamente por algum motivo ou outro – disse Norberto, acompanhando com os olhos a ave que agora voava mais longe.

– Esse seu "eu do passado", como o senhor está dizendo, está falando muito com o meu "eu de hoje". Muito interessante essa frase. Então, estamos em tempos diferentes, apesar do encontro de agora – falou, cruzando os braços.

André sabia sobre sua forma de agir, mas era muito mais do que imaginava. Não se permitia ser vulnerável em nenhum momento, tendo que ter o controle a cada minuto, o que exigia uma perfeição imaginária, pois ela nunca existiu de fato. Sabia que teria que compreender melhor esse seu jeito tão enraizado, que bloqueava tantos caminhos e oportunidades.

– Junte as duas mãos em forma de concha – disse Norberto.

André nem questionou e fez exatamente o que tinha sido pedido.

– Agora encha com água.

André abaixou-se e segurou o máximo de água do mar que pôde. Quando se levantou, ela começou a escorrer levemente pelos dedos. Aos poucos, o que tinha conseguido segurar já não era como antes, sobrando quase nada.

– Não vai adiantar, Seu Norberto – disse, pegando mais água e repetindo a ação.

– Assim é nossa vida, Sr. Caminhante. Nem tudo é possível controlar. Tem coisas que vão escapar pelas nossas mãos, mesmo que a gente tente de todas as formas fazer com que isso não ocorra. Temos controle sobre algumas coisas, mas sobre outras não.

– Então, chega de controlar. A partir de agora, fim para "o controlador" – falou André, em voz mais alta, soltando uma mão da outra.

– Desculpe ser sincero, mas quando eu for embora, o controlador ainda irá junto com você. Ele ainda está aí dentro. O grande ponto agora é como você vai lidar com ele: com aspereza ou com leveza? Como vai acolher esse seu eu que está junto?

– Sinceramente, Seu Norberto, não sei. Não tenho mais as respostas certas que sempre achei ter.

Norberto fitou profundamente os olhos de André. As ondas estavam mais fortes, e o barulho do mar era mais alto. Norberto juntou as duas mãos em forma de agradecimento e se curvou.

– Aqui é o ponto – disse suavemente.

– Qual ponto? – André perguntou, curioso.

– O ponto da despedida. Você não tem mais as respostas, como acabou de dizer. Esse é o espaço da vulnerabilidade e do não controle. Foi uma honra andar ao seu lado.

Norberto foi dando passos para trás. Parou. Fez um sinal de reverência, como em um teatro, curvando o corpo para frente e baixando a cabeça. Levantou, sorriu e se virou, seguindo sua caminhada. André ficou parado, sem nem mesmo conseguir se despedir.

MESTRE 12

A apanhadora de conchas

André pensava no último encontro e em como era chamado de "Sr. Caminhante". Gostou do termo, e era isso que queria continuar fazendo: andar e se permitir falar com novas pessoas até a sua volta para casa. A praia tinha virado um grande laboratório de encontros. Olhava algumas pessoas distantes e imaginava quantas histórias poderia vir a ter em cada conversa. Quantos diálogos ainda seriam feitos e quantos outros nunca aconteceriam.

Logo após alguns minutos, avistou uma senhora abaixada, pegando conchas. Aparentava mais de 70 anos, tinha menos de 1,60 m e cabelos curtos grisalhos. Levava uma bolsa a tiracolo para guardar as que encontrava. Olhava uma, analisava outra e, assim, fazia o seu processo de seleção. Antes de se apresentar, André ficou apenas observando a cena, mas não demorou para ela perceber o que estava acontecendo.

– Quer pegar algumas conchas também? Sinta-se à vontade – disse a senhora, sorrindo.

– Acho uma grande ideia, mas não tenho onde guardar. Só se deixar para a senhora.

– Como você se sentir melhor.

– Faz tempo que está aqui? – perguntou André, abaixando-se também.

– O tempo necessário para escolher algumas conchas realmente muito interessantes.

– Parece que a sua bolsinha já está cheia. É difícil escolher as mais bonitas – disse André, pegando uma linda concha na cor marrom-claro, com tons brancos.

A senhora fitou André com seus olhos verdes.

– As mais bonitas? Como você sabe que escolho as mais bonitas?

– Geralmente, as pessoas escolhem as mais bonitas, não?

– "Geralmente" quer dizer "nem sempre", correto? – ela sorriu.

– É, mas esse "geralmente" é quase sempre mesmo. A senhora já viu alguém pegando conchas feias para levar?

– Nesse caso, então temos olhares diferentes. Procuro outros tipos de conchas, justamente aquelas que ninguém procura. O meu olhar vai direto para todas que ficam esquecidas e passam despercebidas pela grande maioria, mas estão todas aí, com as suas imperfeições – disse, pegando uma concha entre várias. – Está vendo esta aqui? – aproximou a concha de André. – Segure.

André estendeu o braço direito e abriu a mão. Ela largou suavemente a concha sobre sua palma e completou:

– O que você vê?

– Vejo uma concha quebrada, com algumas ranhuras. Se tivesse achado essa, já iria largar e procurar outra. Desculpe, mas estou sendo realmente sincero com a senhora – respondeu, olhando para a concha.

A senhora colocou a mão por baixo da mão de André e fez um movimento para que ele fechasse, segurando a concha.

– Isso, feche a mão e, agora, feche também os olhos. Apenas deixe acontecer. Sinta a concha e o mar. Fique assim por algum momento – disse, soltando a mão de André, que permaneceu segurando a concha, de olhos fechados. Sua respiração, um tanto ofegante, começou a acalmar. Passaram-se alguns minutos. Logo após, ela disse suavemente: – Agora pode abrir a mão e os olhos.

– O que você sentiu? – perguntou, pegando a concha de volta.

– Interessante mesmo. Deixei minha mente quieta e senti uma conexão entre o que eu sou, a concha e o mar. Parece que éramos uma coisa só. Não sei se vou conseguir explicar, mas não senti a concha da maneira que tinha visto antes – disse André.

– Do jeito que é? E como ela é? Uma concha quebrada?

– Sim, estava olhando somente a parte que faltava.

A senhora caminhou até onde a água batia em seus pés, acompanhada por André. Entrou um pouco mais no mar, pegou a concha, estendeu o braço direito para trás e a lançou o mais longe que pôde.

– Agora, ela já não existe mais para o nosso olhar. E a possibilidade de encontrá-la de novo é praticamente zero. Assim são as pessoas que passam por nós na vida. Se olharmos apenas as rachaduras, o olhar minucioso vai desprezar e focar somente nas possíveis imperfeições. Todos nós somos aquela concha, cada um com a sua própria história. Quem já não esteve quebrado em algum momento? Quem não teve ou tem aquela fratura na alma que machucou ou ainda machuca?

– Sei muito bem disso – disse André, fazendo uma pausa. – Depois do que a senhora falou, queria ter ficado com aquela concha – acrescentou, olhando para o local onde ela caiu.

– Ela passa por nós e é trazida pelo mar, mas volta para a casa dela, de um jeito ou de outro. Todos nós voltamos para nossa verdadeira casa.

A senhora pegou sua bolsa a tiracolo e um punhado de conchas que estavam guardadas. Andou mais alguns passos para dentro da água e jogou-as no mar. Repetiu a cena até não sobrar nenhuma.

– Agora estão todas no lugar certo de novo – disse, sorrindo.

– Achei que iria levar embora.

– Queria apenas conhecer um pouco de cada uma, mas não o tempo exagerado que transformaria liberdade em prisão. Com as pessoas também é assim. É preciso deixá-las livres para decidir, para serem o que são, cada uma com a sua personalidade e vivendo a própria essência. Você é livre? – perguntou, olhando diretamente para André.

André sentiu a frase mexer com muitas coisas que vinha passando. Estava preso a antigos costumes e a pontos que já não faziam mais sentido, mas não sabia como deixar muito disso tudo para trás. Queria ter essa liberdade, mas muito da sua rotina e do que havia escolhido realizar estava imantado com uma força que achava difícil mudar naquele momento.

– Não, não sou livre como gostaria.

– Quantas vezes você disse "não" para aquilo que queria dizer "sim" em algum momento? E quantas vezes disse "sim" quando a resposta que o coração queria dar era um grandioso "não"?

– Eu mesmo me sabotei diversas vezes, essa é a realidade. Quis agradar muito os outros e não fui sincero em diversos momentos com aquilo que sentia. Tantas vezes, machucado, queria mesmo era acabar com minha dor mais profunda, mas resolvi continuar. Sabia que a caminhada mostraria que valeria a pena seguir. E está valendo muito continuar, mesmo com algumas dores – disse, com os olhos cheios de lágrimas.

– Que bom que você está aqui. A vida pede essa força e coragem para sempre seguir em frente. Esse é o ponto em que decidimos coisas importantes. É a esperança da vida renovada. Novas flores, novos caminhos e novas histórias. Passar por momentos assim faz parte da caminhada humana. Eu e você passamos por muitas coisas, como todos os nossos irmãos e irmãs de jornada. Aceitar a dor profunda faz parte do processo de transformação. Muitas vezes temos mãos abertas de outras pessoas para nos auxiliarem, mas, em muitos casos, não conseguimos perceber. E mesmo que não tenhamos ninguém, Deus nos sustentará, com amigos da espiritualidade superior que andam conosco e estão mais próximos do que imaginamos – disse ela, com leveza na voz.

– Você acredita mesmo que, do outro lado desta vida, tem gente que cuida de nós? – perguntou André, olhando para o mar.

– Não só acredito, como tenho certeza. Eles estão todos aí, neste fino véu que nos separa. Não existe morte, André. O que existe é vida após esta vida. Olhe para toda essa água – apontou a mão direita para o mar. – O que está acontecendo logo ali embaixo, a gente não está vendo agora, mas nem por isso deixam de existir cardumes de peixes, conchas de todos os tipos e um maravilhoso mundo logo abaixo dos nossos olhos.

– Também acredito que aqui é só passagem, não é casa permanente – disse André, pegando uma concha no raso, que também estava quebrada. Ele a jogou o mais longe possível.

– Achei que você iria ficar com essa – disse a senhora.

– Também achei, mas acho que ela vai ficar melhor por aqui mesmo.

– Fazer isso que você fez com a concha também pode ser feito com outras coisas. E será um grande passo. Deixar ir é permitir que novas cenas cheguem – disse, sorrindo, e foi indo embora.

Um pouco mais adiante, parou e virou-se:

– Se você deixar, o mar leva aquilo que não é para ficar.

MESTRE 13

A guardiã das cinzas

André continuou sua caminhada, que mais parecia uma longa viagem. Lembrou-se do sonho que tivera há algumas semanas, perguntando-se se realmente fora um sinal para o que estava acontecendo. Já não importavam tantas explicações, o certo é que estava lançado ao inusitado. Enquanto caminhava, prestava mais atenção às imagens que vieram no sonho e a como ele se desenrolara. Só que, rapidamente, sua atenção mudou de foco. Viu uma mulher sozinha mais adiante, com os pés na água, segurando uma caixa de madeira. Ela olhava o mar fixamente. André ficou curioso com a cena e, seguindo em sua direção, aproximou-se aos poucos.

– Bom dia – disse ele.

– Despedidas são muito difíceis, mas aceito o seu "bom-dia" como uma forma de poder continuar o que farei.

– É o que estou pensando mesmo? – André ficou nervoso, já prevendo a resposta.

– Sim... é o que você está pensando. Um momento difícil, mas agora você está junto – disse, olhando para André.

E continuou: – São as cinzas de um grande amigo que não tinha ninguém por ele. Só eu. Coube a mim estar aqui neste momento.

– Sinto muito. Mesmo! Devia ter percebido e não ter dado esse "bom-dia", invadindo um espaço tão íntimo e sagrado. Insensibilidade profunda a minha. Reitero minhas sinceras desculpas – falou, baixando a cabeça, embaraçado pela situação.

– Está tudo bem. Falando de coração, realmente não queria estar fazendo isso sozinha. Acredito que você não parou aqui simplesmente sem motivo algum. Quem sabe possa me ajudar? – disse, voltando o olhar para a caixa.

– Não sei o que poderia fazer, mas estou à disposição para o que precisar.

André caminhou um pouco mais em direção à mulher.

– Você pode fazer uma oração junto comigo? – pediu, olhando para o horizonte.

André aproximou-se mais e entrou em sintonia total com aquele momento.

– Estou junto com você para o que desejar realizar em intenção neste instante. Qual era o nome de seu amigo?

– Um grande amigo, que me ajudou nos momentos mais difíceis da minha vida. O nome dele é Raul. Digo "é" porque, para mim, ele segue vivo. Agora, em outra etapa – disse, abrindo um leve sorriso.

– Com certeza, ele está recebendo todo esse seu amor e a luz que emana do seu coração – disse André, lembrando-se da conversa anterior sobre a continuidade da vida.

Eles entraram onde a profundidade da água era maior. Ela fechou os olhos e fez uma prece:

– Deus, amor de infinita bondade. Estamos neste momento fazendo essa singela homenagem a este querido irmão, chamado Raul. Aqui, nesta Terra, ele não teve ninguém nos últimos tempos de sua vida. Não estamos aqui para julgar o que fez de correto ou errado. Somos todos passageiros deste tempo, todos nós com nossos acertos e equívocos. O que fica dos seus passos, que pude comprovar nas cenas mais diferentes, foi seu amor pelos desconhecidos. Ajudou sem precisar de aplauso e fazia pelos que não tinham condições. Na minha vida, ajudou em muitos instantes. Nos momentos em que vivi na escuridão, foi a palavra desse querido que trouxe luz. Foi como um alimento para eu poder continuar. Estava frágil e ali estava ele, com sua presença. Meu Deus, amor que invade a Terra toda com aquilo que não temos condição de compreender na totalidade, receba esse amigo e permita que outros irmãos e irmãs deste outro lado também o abracem com muito carinho. Que ele seja bem acolhido. Obrigada, meu querido Raul, que você siga em paz no seu caminho. Que assim seja.

– Que assim seja! – repetiu André, emocionado.

Ela pegou a caixa de madeira, abriu com delicadeza e, aos poucos, foi deixando as cinzas caírem no mar. Soltou as últimas, não sobrando nada na caixa. Por fim, concluiu:

– Até breve, meu amigo. A gente ainda se encontra.

– Fique em paz – disse André, em voz baixa.

Ficaram em silêncio, ouvindo apenas o barulho do mar. Aos poucos, ela foi saindo da água. André acompanhou sem falar nada. Já na areia, ele abriu os braços gentilmente, e ela aceitou o abraço.

– Obrigada por acompanhar essa cena. Sinceramente, não queria fazer isso sozinha, mas acabei vindo para a praia dessa forma. E acabamos fazendo isso juntos.

– Como é seu nome?

– Helena. E o seu?

– André. Agradeço por permitir que eu participasse deste momento. Nunca tinha presenciado uma cena assim, ainda mais aqui no mar, lugar que amo tanto.

– Nunca tinha feito isso também, nem presenciado. O desejo de Raul era que suas cinzas fossem jogadas ao mar. E, agora, a vida segue. Pessoas vêm e pessoas vão nesses encontros de todos os dias. Há aqueles que marcam a nossa história de tal forma que deixam grandes lembranças – disse, limpando as lágrimas do rosto.

– Quando partiremos? Ninguém sabe a hora, não é mesmo?

– Acreditamos, muitas vezes, que estaremos sempre ao lado de quem gostamos. No entanto, preparar a partida é compreender que essa viagem existe realmente. Tenho certeza dos reencontros, mas fica a saudade de muitos momentos – disse Helena, levantando a cabeça levemente e suspirando fundo.

– E quanta saudade!

– Falando em partidas, o que você faria se tivesse que seguir hoje mesmo para o outro lado da vida?

André ficou em silêncio. A pergunta foi intensa, e ele não esperava algo tão impactante. A partida deste plano vinha, por vezes, à sua mente. Sabia que em algum instante familiares, amigos e ele próprio seriam convidados a deixar o corpo físico. Sempre que pensava nisso, porém, tentava evitar e logo buscava outros pensamentos para substituir aquilo que, para ele, era um pouco temido. Baixou a cabeça, fechou os olhos e ficou mais um pouco em silêncio. Depois, levantou a cabeça, abriu os olhos e olhou para o mar.

– Se me restasse apenas este dia, a primeira coisa que faria seria agradecer por tudo que passei nesta vida, tanto as coisas boas quanto as ruins. Entenderia, com maior significado, que tudo foi para o meu crescimento espiritual. Se pudesse olhar para trás e mudar algo, talvez mudasse alguns caminhos. Aí ficaria a pergunta: será que, mudando alguns caminhos, eu seria o que me tornei hoje? E essa resposta não terei. Então, valeu a pena como foi. Agradeceria a mim mesmo, com total conexão a Deus, e me perdoaria. Sim, me perdoaria profundamente, pois é algo que nunca consegui fazer de verdade. Também me acolheria com muito amor, o que sempre foi algo difícil de me permitir. Faria uma grande reflexão neste último dia sobre os meus passos, sobre tudo o que construí e o que deixei de fazer. Lembraria das pessoas que ajudei, das que magoei, das histórias que poderia ter escrito, das visitas a amigos que poderia ter feito e não fiz. Olharia a luz e a sombra que estiveram em mim e eram parte de mim. Acho que, se esse fosse o último dia, tudo ficaria mais claro e vivo. Surgiria uma energia diferente e, também, a certeza de que a vida me proporcionou muito. Lembraria das pessoas que me ajudaram a chegar até aqui. Cada uma delas viria ao meu pensamento e ao meu coração. Faria uma oração por todas, porque não sei onde estaria hoje se não fossem elas. Com certeza, nesse dia, choraria e daria muita risada também. Lembraria dos dez melhores filmes que vi na vida e das minhas dez bandas favoritas. Colocaria para tocar algumas músicas. Ficaria em silêncio em outros minutos. Ligaria para os mais próximos. Pensaria também em como seria a vida das pessoas mais próximas a mim. Quem faria por mim aquilo que faço hoje? Certamente, se tivesse a certeza de que seriam as últimas vinte e quatro horas, o dia seria muito diferente de um dia comum. Vendo por essa perspectiva, teria a certeza de que todos os outros dias da minha vida foram extraordinários por algum motivo. Olharia com mais calma as pessoas e tentaria enxergar com mais amor as suas dores. Porque, olhando apenas as minhas, na maior parte do tempo deixei de ver muito do sofrimento dos outros. Tomaria um café passado. Só o cheiro já teria mais intensidade do que o normal. Junto com o café, olharia algumas frases de livros da minha estante. E, com absoluta certeza, pensaria neste mar. Talvez, morreria estando na areia. Ou imaginando estar nela. E entregaria meu espírito com confiança nas mãos de Deus.

Helena estava muito emocionada com as palavras. Ficaram parados, apenas vivendo aquele momento único. Ela olhava para André, imaginando como seria aquele homem quando era menino. Como teria sido a sua vida até ali? O que passou? O quanto passou? Como passou? Quais seriam suas cicatrizes mais profundas, que só ele conhecia? Mas ela não teria nenhuma dessas respostas.

Despediram-se e cada um seguiu para um lado.

MESTRE 14

O invisível do papelão

André seguia seu trajeto, mas tudo tinha tanta intensidade que, depois de algum tempo, resolveu parar novamente. Queria apenas descansar um pouco. Só então percebeu um homem deitado sobre um papelão, na parte mais distante da água, perto de um banco de cimento. Suas vestes estavam rasgadas em alguns pontos, e ele se parecia com tantos outros mendigos espalhados pelas esquinas. Percebeu que muitas pessoas passavam ao seu lado e ninguém parava. Não pôde deixar de se aproximar e acenar com algo bom para aquele que, talvez, estivesse ali já havia algum tempo. Ao chegar mais perto, percebeu que parecia dormir. Iria seguir, mas o homem despertou.

– Olá, senhor – falou, abrindo os olhos.

– Estava passando e achei que poderia dar um bom-dia para você, mas, como pensei que estivesse dormindo, já iria sair sem incomodar.

– Eu, dormindo? E essas pessoas que estão caminhando por aí com os olhos bem abertos... estão acordadas mesmo ou também estão dormindo? – disse o homem, com um sorriso.

– É... um ótimo questionamento – respondeu André, quase tropeçando nas palavras.

– Quem está dormindo para a própria vida pode estar mais sonolento do que eu – reafirmou o homem.

– Tem toda razão. Vou continuando, ainda tenho areia pela frente. Na próxima vez que passar por aqui, deixo alguma coisa para você.

– Deixa alguma coisa?

– Isso: uma roupa, um alimento ou outra coisa qualquer. Vamos ver...

– E quem disse que estou precisando?

– Achei que estivesse necessitado de algumas coisas. Não foi por mal – disse André, desviando o olhar.

– Qual seu nome?

– André. E o seu?

– Breno. Agora, me diga: você achou que eu não tenho nada, não é?

– Olha, Breno, sinto muito, mas achei, sim. Geralmente, as pessoas deitadas assim estão sempre pedindo.

Breno ficou em silêncio, respirou fundo e se levantou, olhando André fixamente, mas com serenidade absoluta.

– Abençoado amigo, entendo sua preocupação em estender a mão para me oferecer algo, mas talvez eu esteja tão pleno que este momento, deitado aqui parecendo um mendigo completo, não corresponda realmente a quem sou. Quem eu sou?

André pareceu sem jeito, mexendo-se um pouco, desconfortável.

– Não sei... só sei o seu nome até agora.

– E o que eu necessito neste instante?

– Achei que precisava de algumas roupas, mas também não saberia dizer. Talvez mais do que eu possa imaginar.

Breno balançou a cabeça afirmativamente.

– Estou precisando de algo que ninguém neste mundo é capaz de dar.

André franziu a testa, surpreso.

– Ninguém neste mundo tem o que você gostaria? E o que você gostaria?

Breno olhou para o mar, baixou a cabeça e voltou a encarar André.

– Tempo. Eu gostaria de um pouco mais de tempo. Tenho uma doença rara, e os médicos falaram que, no máximo, tenho apenas mais alguns meses de vida.

André ficou sem saber o que dizer. Breno continuou:

– Sei que é complicado quando falo isso, porque logo as pessoas ficam com pena, mas sei que é o meu caminho. E se Deus colocou isso na minha estrada, tem um motivo muito maior. Talvez eu tenha alguma pista do que possa ser, mas sempre achamos que sabemos muito quando, na verdade, não sabemos quase nada.

– Gostaria de ter esse tempo para lhe dar, Breno, mas você tem toda razão. Isso é algo que nos é ofertado como presente, cada um com sua ampulheta virada. E qual é a palavra que move você neste instante?

– Com certeza, André, a persistência. A diferença é que uns acreditam nela, outros não. Persistir é a arte da fé viva, que nos move à frente, indicando a direção que devemos seguir. A esperança vira uma bússola apontando o caminho. Se, nas trilhas e curvas que surgem, desviamos nosso coração, logo ele encontra uma passagem novamente. A dúvida surge à espreita da nossa indecisão, alimentada pelo medo. Para os sábios, as perguntas se abrem em mais perguntas. Nesse instante, é preciso calar muitas respostas, pois sabemos que não as temos sempre com clareza.

– Essa falta de clareza me deixa angustiado, Breno – disse André, interrompendo-o.

– Pois então... é na angústia de querer tudo definido e certo que invertemos as placas de muitos caminhos que poderiam se transformar em luz. A cada um cabe o próprio destino, escolhendo a persistência como convidada de honra. Na sua força e definição de seguir, tudo ganha mais energia para o restante da viagem. Por isso, quando me deito em um papelão parecendo um mendigo, não necessariamente preciso de algo. Já tenho tudo e sinto que tudo já me pertence, principalmente fé, amor, caridade e liberdade. Nada mais me prende a este mundo. André, quando digo nada, é nada mesmo. Então, não fique desolado por mim, porque eu não estou. Aceitei a vida como ela é. Os meus dias, que podem ser poucos, também podem ser aumentados. Há pessoas com data marcada para ir embora que ganham mais tempo de vida por algum motivo. Deus está no comando, e entrego isso nas mãos Dele. Não sei como será, mas coloco minha fé acima de tudo. E com ela, eu vou.

André abriu os braços sem pensar em nada, apenas queria experimentar a compaixão verdadeira. Breno aceitou o convite e o abraçou. Uma paz indescritível tomou conta de André. Sentiu toda a energia daquele homem. Alguns segundos passaram rapidamente, parecendo horas.

– Você tem tanta luz que todos deveriam ver – disse André, com os olhos marejados.

– A gente vê nos outros o que temos em nós mesmos, meu irmão. Talvez esteja descobrindo em você a própria luz que se escondeu por algum instante. Parar aqui e conversar já foi uma atitude nobre. Quem para e conversa, durante o dia, com alguém deitado em um papelão? A grande maioria segue sem perceber quem está ali. Já imaginou as dores que cada um carrega? Se formos pelo julgamento, fica fácil dar sentenças rápidas – disse Breno, entrelaçando os dedos.

– Também já fui um sentenciador, preciso admitir. Olhava para algumas pessoas e decidia quem era cada uma.

– É a velha história da trave no olho... como queremos tirar a do olho do outro se nem vemos a nossa? – respondeu Breno, pegando o papelão e dobrando.

– Está indo? – perguntou André, rapidamente.

– Sim, preciso seguir viagem e, provavelmente, não iremos mais nos encontrar.

– Como você sabe?

– Intuição – disse Breno, levantando os olhos. – E perceba: há pessoas que passam pela nossa vida apenas uma vez. Você tem a oportunidade de apenas uma conversa. Já pensou sobre isso? Uma conversa. E só.

– Nunca tinha pensado nisso – disse André.

– Vamos fazer valer a pena. Foi um privilégio – disse Breno, estendendo a mão.

– Foi uma honra – respondeu André, apertando-a com firmeza.

Breno foi saindo e colocou o papelão na lixeira próxima. Caminhava como quem tem domínio dos próprios passos e coragem para enfrentar o futuro.

– Breno! – chamou André, quando ele já estava mais distante.

Ele se virou e parou, atento.

– Diga, meu irmão! Você precisa de alguma coisa?

– Só queria que você soubesse que o mendigo aqui era eu – disse André. – Buscando um pouco de luz em cada lugar, pedindo aquilo que procuro há muito tempo.

Breno deu um sorriso largo, sem dizer nada. Apenas ficou olhando para André por alguns segundos e foi embora.

Voltando para casa mais uma vez

O tempo passou voando com tantos encontros, mas o último marcou André de uma maneira diferente. Pensou no tempo que ainda tinha pela frente e em como fazia julgamentos apressados. Tinha certeza de que Breno era um espírito de muita luz e que o encontro não havia sido por acaso. A conversa que tiveram seria para pensar e repensar por muito tempo.

Estava cansado. Sentiu que precisava voltar para casa e descansar. Era muita pressão ao mesmo tempo, com tantas informações. Foi voltando, caminhando lentamente e prestando muita atenção à própria respiração. Inspirava profundamente e soltava o ar devagar, até não restar mais nada. Queria renovar tantas coisas, mas sabia que não adiantaria querer fazer tudo de uma só vez. Deixou a autocrítica de lado e acolheu aquilo que estava sentindo.

Apesar de passar por várias pessoas no caminho de volta, não conversou com nenhuma. Após algum tempo, chegou em frente ao prédio. Não encontrou ninguém e foi diretamente para o apartamento tomar um banho. Vestiu uma roupa confortável, preparou algo para comer e sentou-se sozinho, em silêncio, na cozinha.

Entre um pensamento e outro, veio à mente a cena da conversa com a mulher que lhe perguntara o que faria se tivesse apenas mais um dia de vida. Lembrou-se das palavras que dissera e algo veio forte ao coração: "por que não colocar algumas delas em prática ali mesmo?" André procrastinava muito, deixando para outros momentos o que acabava por não realizar. Ao terminar a refeição, lavou a louça e foi até a sala. Começou a escolher músicas de bandas que sempre gostou ao longo da vida para ouvir com total atenção. Ritmos diferentes se misturavam a memórias diversas.

Depois de algum tempo, resolveu fazer uma lista de pessoas cuja voz gostaria de ouvir. Não conseguiria ligar para todas de uma vez, mas contatou algumas delas, retomando vínculos que mereciam mais atenção. Sentiu uma sensação agradável e um calor no peito por poder amar e se sentir amado. Pensou em tantos outros amigos com quem havia perdido contato pelas mudanças da vida, mas que gostaria de reencontrar ou ligar com mais frequência. Enquanto pensava, caminhou pelo apartamento e molhou as cinco plantas espalhadas pelos cômodos. Depois, foi ao quarto e buscou uma caixa grande com várias fotos antigas. Uma a uma, sentiu o tempo voltar.

Uma foto chamou especialmente a sua atenção: ele, ainda menino. Uma emoção tomou conta por completo, pois era um contato que não havia feito até então: olhar com compaixão para tudo o que tinha vivido. Na imagem, usava uma calça de abrigo cinza e camiseta vermelha com uma listra branca horizontal na parte superior. Estava ao lado de uma grande árvore no pátio de casa, posando como um super-herói, com um dos braços erguidos, como tantos que admirava na época.

Pensou no que diria para aquele menino, olhando para o que havia se tornado. Fechou os olhos e, após alguns minutos, abriu-os novamente. Pegou um marcador azul, virou a foto e, no verso branco, escreveu: "Muito obrigado por ter me trazido até aqui". Olhou novamente para o próprio passado e beijou a fotografia, atravessando o tempo e percebendo que muito daquele garoto ainda estava ali. Lágrimas correram pelo seu rosto. Deixou-se sentir tudo o que vinha em emoção, permitindo-se conectar-se profundamente ao momento. Fez uma oração, agradecendo às pessoas que passaram por seu caminho na infância.

Depois de algum tempo, parou diante da estante cheia de livros. Pegou alguns dos que mais gostava e folheou páginas aleatórias. Imaginou quantas linhas haviam feito parte dos seus dias e o quanto aquelas palavras ajudaram a moldar sua forma de pensar. Decidiu separar alguns para doação, formando uma pilha com mais de vinte exemplares. Ampliando o gesto, lembrou-se daqueles que não tinham sequer o que vestir. Abriu o armário e observou quantas roupas não usava mais, peças que estavam ali apenas compondo uma cena estática. Guardou-as em uma grande sacola para levar a uma instituição de caridade.

André, em suas dores e alegrias, mergulhava novamente na vida. Abraçado ao tempo que tinha, percebia que a história "do último dia" havia provocado um certo receio, mas muito mais do que isso, abrira infinitas possibilidades.

Por fim, atirou-se na cama. Queria apenas descansar e deixar o sono chegar. Deitado no colchão macio e confortável, lembrou-se de tantos que dormiam sobre papelões, como Breno. A dor do mundo pesava em sua alma.

Sabia que não podia salvar a todos, nem curar todas as feridas do planeta, mas podia continuar curando a si mesmo. Era isso que estava fazendo. E era isso que iria continuar a fazer.

Adormeceu.

MESTRE 15

Um jovem em frente ao mar

Três semanas se passaram, e André partiu para uma nova caminhada. Após tantos encontros já feitos, observava tudo com mais calma ao seu redor. O olhar ávido por novidades buscava mais vida em tudo o que via. Depois de andar e ver várias pessoas, prestou atenção em um jovem parado em frente ao mar. Era alto, com aproximadamente 1,90 m, e aparentava uns 23 anos. Usava um boné roxo e óculos escuros.

– Linda essa cor do mar hoje, não é mesmo? – disse André ao passar pelo jovem.

– Se você está dizendo, vou acreditar. Está tão bonito assim? – respondeu o jovem com um sorriso aberto.

André parou, constrangido. A pergunta o fez perceber que estava diante de um homem cego.

– Sinto muito, não imaginei... – engasgou um pouco ao falar.

– Não tem problema algum. Estou parado aqui, em frente ao mar e de óculos escuros. Como você saberia? – disse o jovem, sorrindo.

André olhou para trás e viu uma jovem sob um guarda--sol levantando a mão direita.

– Tem uma jovem que cumprimentou ali atrás.

– Sim, é Tânia, minha namorada.

– E qual é o seu nome?

– Eduardo, mas pode me chamar de Edu. E o seu?

– André. Muito prazer.

Em pouco tempo, uma sintonia se estabeleceu. Edu caminhou lentamente em direção ao mar, que estava muito próximo, até sentir a água bater em seus pés. André acompanhou.

– Pode descrever para mim? – pediu Edu.

– O que, especificamente, você gostaria de saber?

– Essa cena toda. O que você vê?

– Vejo um mar com ondas quebrando. Montanhas ao longe, do lado direito. Pássaros voando e alguns pousando na areia logo adiante. Aqui, mais próximo, vejo os tatuíras se enfiando na areia. Vejo pessoas caminhando, outras sob guarda-sóis. Vejo o azul do céu e nuvens que parecem de algodão – descreveu André, olhando para o jovem.

– E o que você sente? – perguntou Edu, virando o rosto em direção a André.

– O que eu sinto?

André ficou em silêncio, sem saber como responder de imediato. Ao longo da vida, deixara de sentir tantas coisas com medo de se machucar, a ponto de parecer frio em muitas atitudes. No entanto, era apenas um verniz que escondia uma alma bondosa, que só precisava de tempo para voltar à vida com mais energia.

– Sinto que a vida pulsa, mas também tenho medo dela. Talvez fosse o medo de morrer... porém sua pergunta me faz pensar que, na verdade, tenho medo mesmo é de viver – disse, voltando os olhos para o mar.

– Fico feliz que tenha aberto os olhos do seu coração. Ter falado a verdade que existe para você não é para todos. E digo isso porque também tive medo de viver em muitos momentos, pelos próprios anseios da vida. Existe algo que aprendi muito cedo, apesar de ser jovem: ou você vive, ou você finge que vive. Decidi viver, com tudo o que pode acontecer. Essa intenção no pensamento vira decisão na ação, se assim a gente quiser. Cada um no seu tempo, na sua vontade e na sua jornada. A nossa se encontra aqui, neste segundo da eternidade – disse Edu.

– E você pode me contar o que sente em relação a tudo isso que está acontecendo à nossa volta?

– Sinto a água morna batendo nos meus pés; a brisa que parece vir de longe; os sons dos pássaros que vão e vêm; o apito do senhor do sorvete lá adiante; as crianças ao fundo, gritando de alegria; meus pés remexendo a areia; a boca seca, pedindo água; sinto que tenho uma pessoa fantástica que me ama, logo ali atrás, no guarda-sol; sinto a vida pulsando e o tanto que ainda posso realizar. Ver é parte, não é tudo, André. Tem gente que vê, mas não enxerga. Para mim, esse "enxergar" sempre foi o mais importante. Alguns dizem sobre o mundo espiritual: "Só vou acreditar se eu ver". Então, estão dizendo que eu não posso acreditar porque não vejo? É isso? Respeito, mas discordo. Sinto e enxergo com a alma. É esse sentir de verdade que nos faz humanos. Solte sua essência para o Universo. Permita essa liberdade de ser o que você veio fazer aqui. Se tiver que sorrir, sorria mesmo. Se for para chorar, guarde as lágrimas como um relicário, valorizando o porquê de estarem caindo. Respeite o seu sorriso e a sua dor.

Só assim conseguimos realmente respeitar a alegria e a dor dos outros – disse, entrando um pouco mais na água.

André acompanhou, dando também alguns passos à frente.

– Não sei o que aconteceu, mas posso dizer que realmente senti este momento – disse André.

– Quando você não estiver no mar, lembre-se dele. Você não irá vê-lo, mas, com certeza, o sentirá. É só fechar os olhos – disse Edu, sorrindo. E continuou: – Enxergar é o espaço aberto para ampliar aquilo que não sabemos. É ouvir as incertezas e saber que está tudo bem. É fechar os olhos e confiar que estamos protegidos nos braços de amigos da luz. Enxergar é o verso final de uma poesia muito bem escrita; é o som do piano que pontua o silêncio em um espetáculo com a casa lotada; é o choro do nenê que invade a noite, pedindo apenas um colo; é a dor de uma longa viagem que deixa saudades para aqueles que ficam; é o calor de uma amizade que faz bem sem explicações racionais. Enxergar, André, é um ver muito mais elaborado.

André ficou olhando para Edu com respeito e admiração.

– Agradeço a conversa. Com toda certeza, vou pensar muito sobre isso. Talvez seja o momento para eu começar a enxergar muito além do que apenas estava vendo. Ótimo dia e, quem sabe, a gente se encontra de novo pela areia.

André foi saindo, seguindo seu caminho.

– André! O mais difícil é enxergar quem somos e o que estamos fazendo aqui. O resto fica muito mais fácil – disse Edu, levantando a mão em despedida.

MESTRE 16
A descobridora de talentos

André caminhava e, de tempo em tempo, fechava os olhos por alguns segundos, tentando imaginar como seria o mundo daquele jovem. Começou a perceber com clareza que não eram os olhos físicos que revelavam aquilo que realmente existia. Se não se permitisse conhecer mais e abrir os braços para a vida, estaria perdendo oportunidades valiosas de crescimento.

Lembrou-se, entre um pensamento e outro, de uma brincadeira da infância: esconde-esconde. Naquele tempo, com os olhos fechados, contava até dez para sair correndo à procura dos amigos. Foi nessa relação que ficou imaginando quantas vezes também havia ficado sem ver, mesmo que por pouco tempo. Depois, dependendo apenas de si, corria para achar, ou não, o que buscava.

Viajou no tempo e lembrou-se, com clareza, da rua onde vivia. Várias cenas vieram à mente: os vizinhos, as brincadeiras, as árvores, a porta principal da casa e, principalmente, a família. Eram oito vivendo sob o mesmo teto: ele, o pai, a mãe, o irmão, as três irmãs e a avó materna, que foi morar com eles após o falecimento do avô. André era o segundo filho e vivia numa casa que transbordava amor. Sempre gostara muito de todos, e aquela época ficou marcada por tantas histórias incríveis.

Entre as lembranças do passado e o mar que sussurrava ao seu lado, percebeu uma criança brincando ao lado de uma senhora. Ela parecia ter 85 anos; a menina, uns seis. A cena era encantadora. Os cabelos lisos e brancos da senhora reluziam com a luz e balançavam ao vento. O contraste vinha da garota, com seus cabelos pretos encaracolados.

– Bom dia – disse André.

– Olá – respondeu a senhora, enquanto a menina apenas olhou e riu.

– Achei linda a cena de vocês brincando.

– Essa é minha neta mais nova. Além dela, tenho mais três.

Enquanto conversavam, avó e neta continuavam cavando um buraco na areia. Só então André percebeu que outros buracos já tinham sido feitos ao redor. Ao lado deles, havia pazinhas de plástico coloridas e um pequeno balde azul cheio de água do mar.

– Tesouro dos piratas? – perguntou André, apontando para várias bolinhas coloridas que estavam em um grande saco e algumas dentro dos buracos.

– Muitos tesouros, mas esses são nossos, não dos piratas – disse a senhora, entregando mais uma bolinha à neta, que a colocou em um novo buraco. E continuou: – Quantos tesouros a gente enterra, não é mesmo?

– Já enterrei vários quando era pequeno – André voltou a lembrar do passado e do quintal enorme da casa de infância, cheio de terra e flores. – Certa vez, cavei fundo e guardei três bolinhas de gude. Deixei lá por tanto tempo que esqueci e nunca mais achei onde tinha colocado.

– Bolinhas de gude, pedras e tantas coisas... Essas brincadeiras ficam para sempre porque despertam a imaginação. Quanto valor isso tem! E aqui, neste momento, o que será que ela pensa sobre isso? – a senhora apontou para a neta.

– Acho que vai ficar na memória como uma grande lembrança. Eu adorava minha avó. Ela esteve presente em muitos momentos, que vou guardar para sempre.

– Aqui estamos enterrando bolinhas coloridas. E, ao longo da vida, quais talentos vamos enterrando? Será que enterramos com medo de que os outros vejam? – disse a senhora, colocando suavemente uma bolinha laranja no buraco recém-feito.

André ficou em silêncio diante da pergunta.

– É uma ótima pergunta – respondeu depois de algum tempo. – Estou aqui tentando encontrar a melhor resposta.

– Essa é a grande resposta, e você já está dizendo.

– Qual resposta? Não falei nada – André olhou fixamente para a senhora.

– Você não se permite mostrar. Tudo fica na formulação da resposta correta para ser aceito. A aceitação, porém, também vem do jeito incerto, nas linhas tortas e nas frases sem as vírgulas corretas. Falar o que o coração sente é permitir-se ser quem realmente é. Não estou aqui esperando a melhor resposta do mundo, elaborada de forma pomposa, para compreender tudo. E mesmo que não compreenda ou não goste do que você falar, isso não é um problema seu. Deixe que eu lido com o que vier. Isso é por minha conta – comentou a senhora, passando a mão no cabelo da neta, que continuava a balançar ao vento.

– Não sei se consigo. É algo que fica bloqueado em algum ponto. Pode ter certeza de que isso já aconteceu muitas e muitas vezes.

Nesse momento, a menina pegou uma bolinha e a entregou a André, convidando-o a participar da brincadeira.

– Fique à vontade, ela está convidando você para colocar essa bolinha. É sua vez – disse a senhora, enquanto André se sentava na areia.

André girou a bolinha amarela na mão direita e, depois, passou-a para a esquerda. Repetiu o gesto algumas vezes, enquanto os pensamentos viajavam longe. Diversas vezes sentira vontade de não esconder aquilo que gostaria que os outros soubessem sobre ele, mas faltava coragem para enfrentar esse desafio. Chegou a pensar em devolver a bolinha para a menina.

– Você consegue, sim. Agora, essa bolinha é sua, não dela. Você vai ter que lidar com isso – disse a senhora.

André fechou a mão, segurando a bolinha. Olhou para um dos buracos e a soltou. Ela caiu no fundo, rolando de um lado para o outro. Seus olhos acompanharam o movimento até que parasse.

– Acho que é isso: lidar com algumas questões e aceitar. Talvez eu ainda não aceite muitas coisas, mesmo acontecendo há tanto tempo – disse, olhando para o fundo do buraco.

– Aceitar é processo, por isso é conquista. Não se cobre tanto. Permita-se enfrentar os seus próprios desafios. Lembre-se de que, se eles estão com você, algum motivo existe. Só não fique olhando por muito tempo para o fundo desse buraco, porque ele não vai trazer nenhuma resposta. Esse espaço aí no fundo pode ser perigoso, dependendo de como você decidir enxergar.

– Como a senhora se chama? Nem nos apresentamos.

– Vó da Marcela – respondeu, sorrindo. – As amiguinhas dela me chamam assim, mas pode me chamar de Amália.

– Prazer, Dona Amália Vó da Marcela. Sou o André. Olha que interessante: a senhora falou em enxergar, e há pouco tempo encontrei uma pessoa cega que enxergava mais do que eu. Realmente, estou vendo muitos buracos na minha vida. Como sair deles é uma boa pergunta.

– Buracos na estrada não pavimentada todos nós encontramos, e vamos continuar encontrando. O grande problema é cair no mesmo buraco a vida inteira. Com os novos, vamos aprendendo, nos movimentando e seguindo a jornada. Não dá para ficar preso, escondendo o que você tem para oferecer ao mundo e a quem caminha ao seu lado. Também já escondi muito do que eu era. Com o tempo, aprendi que só eu posso ser eu mesma. Mais ninguém. Decidi não transferir o que era minha responsabilidade para os outros. Aos poucos, fui ao meu sótão bagunçado, minha própria mente, e falei comigo mesma: "Amália, Amália, chega!" Agora é a melhor hora de começar, ou melhor, de recomeçar – disse, olhando para o mar.

– Qual talento a senhora sabia que tinha, mas estava escondendo? – perguntou André, pegando uma bolinha verde.

– O talento de despertar nos outros aquilo que eles mesmos são. Tento fazer isso florescer na minha neta, para que ela se torne o que veio para ser – disse, olhando para a criança, que parecia muito feliz com a brincadeira.

André pegou outra bolinha e entregou para Dona Amália.

– Essa é sua, Vó da Marcela. Obrigado pelo seu talento em ajudar, neste instante, naquilo de que tanto preciso. Vou guardar essa conversa com muito carinho. E vou lembrar da brincadeira de vocês duas.

André se levantou, mas antes de seguir, ainda perguntou:

– E se os outros não derem o verdadeiro valor para esses talentos?

– Aí você lembra daquela antiga frase, André: "não lanceis vossas pérolas diante dos porcos".

Ele assentiu com a cabeça e seguiu seu caminho.

MESTRE 17

O escultor de areia

A continuidade do trajeto podia trazer novos entendimentos. Se desistisse, deixaria de encontrar não somente imagens fora de si, mas também, dentro do próprio ser, uma oportunidade de aprendizado. Sentia-se desgastado e energizado emocionalmente, tudo ao mesmo tempo. Passo a passo, seguia, daqueles passos que já não desejavam nada, mas que se tornavam entrega pura. Não era mais falar sobre amor: era ser amor. Não era mais falar sobre a vida, mas viver a própria vida.

André entrava cada vez mais em seu mundo interno. Logo adiante, avistou um homem ajoelhado, mexendo na areia. Não conseguia ver o que era, mas aquilo já despertava sua curiosidade. Ao se aproximar, pôde perceber que ele trabalhava em uma escultura na própria areia. Parou e apenas observou, sem dizer palavra alguma. O homem virou o rosto ao notar sua presença, mas também não disse nada.

Por um longo tempo, os dois ficaram em absoluto silêncio. Aos poucos, a areia ganhava formas e contornos de pássaros que rompiam uma gaiola, tudo em tamanho grande, chamando a atenção. O mais curioso era que, além de utilizar as mãos, ele usava palitos de picolé que trazia em uma sacola de pano. André ficou maravilhado com aquele homem, que deixava uma mensagem tão bonita a céu aberto.

– O que você faz é impressionante. Estou aqui observando e vejo como está construindo os elementos dessa cena – disse André.

– O que é impressionante? – perguntou o homem, sem olhar para ele.

– A perfeição desses pássaros saindo da gaiola. Quantos pássaros ainda vai fazer?

– Aqui já temos dois. Ainda vou fazer mais três. O que isso diz para você?

– Diz muita coisa. Vejo os traços, o volume na areia, a perfeição nos detalhes... mas talvez o que você queira que eu diga seja o quanto essa imagem simboliza a liberdade – respondeu André, sem tirar os olhos dos pássaros.

– Não tem uma resposta certa. Apenas queria saber o que você vê – seja no que está sendo feito aqui, seja em você mesmo, vendo essa cena. O que estou fazendo tem uma representação para mim, mas a sua pode ser totalmente diferente. Por isso fiquei curioso – disse, olhando para André.

O homem, que permanecia ajoelhado, arrumando um detalhe da obra, parou um pouco, sentou-se na areia e bebeu um copo de água que trazia numa grande garrafa térmica. Ofereceu a André, que aceitou prontamente. Mesmo sem ser convidado, ele também se sentou.

André passou a observar melhor o escultor, além da escultura. Era completamente calvo e usava óculos grandes, de aro quadrado preto. O nariz longo e fino chamava sua atenção. Tinha a pele marcada por rugas e aparentava mais de 50 anos. Vestia camisa de manga longa preta e bermuda bege.

Ao lado da garrafa térmica vermelha, que estava sobre uma toalha quadriculada, um chapéu branco de abas largas se movia com o vento. O homem pegou o chapéu e colocou-o na cabeça.

– O que a liberdade quer dizer para você? – perguntou o escultor.

– Representa aquilo que ainda não consigo ter completamente. Muitas vezes, não sei como sair dessa rede de prisão que eu mesmo crio. É difícil explicar, mas nem tudo parece simples. Pensar sobre isso e comentar é uma coisa, agir é diferente, porque há pontos trançados em cordas muito firmes – como aqueles nós apertados que nem marinheiro consegue desatar – disse André, suspirando.

– Quem amarrou esses nós firmes na corda? – perguntou o escultor, voltando a mexer na obra com o palito de picolé.

– Sim, sim... entendo onde você quer chegar. A gente cria os nós, mas desatar é muito mais difícil. Entrei em caminhos de onde é complicado até saber por onde começar a saída.

– Não há receita de bolo para isso. Uma coisa, contudo, é certa: para desatar algum nó, é preciso desfazê-lo por dentro antes de desfazê-lo por fora. Só então ele vira linha novamente e, com ela, é possível fazer o que quiser – disse o escultor, alisando uma nova parte da escultura.

– Vou chamar os seus pássaros de asas da liberdade – disse André, tomando mais um gole de água.

– Que tal ajudar com esta escultura? – perguntou o escultor, entregando um palito de picolé.

– Ah, não tenho habilidade para isso – disse André, tentando devolver.

O escultor segurou a mão de André e a fechou, fazendo-o manter o palito.

– Se para construir coisas novas é preciso desatar nós, isso também vale para se permitir fazer o que não se sabe. É a entrega para a vida. Se você não deixar fluir, o fluxo não andará. Apenas tente. Não quero que seja o maior escultor da Terra, nem que faça o próximo pássaro com perfeição. Apenas dê esse passo na sua direção. Esqueça um pouco o racional e deixe o coração falar. Algo que ainda está aí precisa ser libertado. – Então soltou a mão de André.

– O que você está oferecendo é um grande presente. Talvez não tenha ideia da dimensão dessa confiança. Muitas vezes, perdi isso em mim, acreditando que não poderia fazer ou que não ficaria bom. Surgiam receios se estava agradando ou se era indesejado onde eu estava. E nessa teia de dúvidas, acabei perdendo oportunidades e, pior, perdendo a mim mesmo – disse André, olhando fixamente para o palito.

– Se perder também é o começo para poder se encontrar. O problema é quem está perdido e acha que já encontrou tudo. Você tem sabedoria, pois entende muito do seu processo interno. Agradeça a si mesmo por estar nesta busca. Agora, me ajude aqui – disse, mostrando o lado esquerdo superior da escultura, que precisava de retoques. – Isso, vá contornando com leveza e deixe mais liso.

Assim, o tempo foi passando, e André foi ficando mais tranquilo para ajudar à sua maneira. Entendeu que não faria como o escultor, mas que a conversa não se tratava disso.

– Você pode fazer um dos pássaros que faltam? – perguntou o escultor.

– Vou tentar do meu jeito. Não será o melhor pássaro, mas vai ter asas – disse André, abrindo um largo sorriso.

– Ótimo. Se vai ter asas, vai poder voar. Para onde? Só você vai poder dizer – respondeu o escultor, também sorrindo.

– Estávamos falando de liberdade, e você disse que cada um tem sua interpretação da obra. Qual é a sua? – perguntou André, enquanto moldava seu pássaro.

O escultor parou, respirou fundo e largou o palito.

– Esta é uma história que marcou a minha vida. Você perguntou quantos pássaros eu iria fazer. Disse cinco. Cada pássaro representa uma pessoa da minha família que faleceu em um acidente, há doze anos. Foi uma tragédia envolvendo um ônibus que caiu em uma ribanceira. Com cada um desses queridos amigos, eu tinha uma ligação muito especial. Estou fazendo esta homenagem, pois há coisas na vida que só a gente sabe. Eles são os pássaros. Eu sou a gaiola. De certa forma, estava prendendo cada um na minha memória, transformando uma saudade, que é natural, em uma prisão sem chaves. Acho que só agora estou permitindo que voem para onde devem estar. E você está aqui me ajudando. Criei laços e desatei nós – disse, olhando para a escultura.

André permaneceu em silêncio. Escutar era o melhor a fazer. Apenas olhou com compaixão para o escultor, baixou a cabeça e continuou moldando seu pássaro. Só então percebeu a dimensão do convite que recebera. Sentiu que sua presença também libertava seu novo amigo de algo profundo.

Passaram-se alguns minutos. Algumas pessoas paravam para ver a escultura e comentavam sobre sua beleza, mas André sabia que ninguém entenderia seu verdadeiro significado, exceto ele e o escultor. Assim, terminou seu pássaro.

– Está na hora de partir, mas agradeço muito o convite. Sua confiança em me contar sobre a obra e permitir que eu o ajudasse foi algo indescritível – disse André, estendendo a mão.

– Compartilhar dores ajuda a curar a alma. Também agradeço a sua ajuda e por ouvir minha história.

– Pena que você fez a escultura muito próxima da água. À noite, a maré vai subir e o mar vai apagar tudo isso – ponderou André.

O escultor ficou em silêncio por alguns instantes, olhou para a obra e, depois, para o mar.

– Nada permanece para sempre. Só o amor.

MESTRE 18

A senhora das preces

Passo a passo, André seguia. Após algum tempo, foi se aproximando de um ponto em que pescadores partiam todos os dias para dentro do mar. O local era conhecido pelas pessoas que moravam nas redondezas. Ele, que morava mais longe, raramente passava por ali, mas se encantava com aqueles barcos pequenos que partiam rumo à imensidão da água.

Chegando mais próximo, viu apenas um barco parado. Imaginou que todos os outros estariam no mar em seus trabalhos. Olhou o nome do barco, pintado em vermelho muito forte na lateral branca: "Coração guerreiro". Nomes de barco sempre chamaram sua atenção. Acabou recordando alguns que já tinha visto em outras caminhadas: Juarez III, Capitão Jatuíra, Ponta Azul, Dom Sebastião, Barnabé, Sol Nascente e outros tantos. Era algo que sempre pensava: "qual nome colocaria se tivesse um barco próprio?"

Entre um pensamento e outro, percebeu uma senhora, com aproximadamente 80 anos, cabelos longos grisalhos, debruçada em uma janela de madeira azul toda descascada.

Ela olhava o mar fixamente, mas também notou André parado.

– Bom dia, pescador! – ela falou alto.

– Bom dia, senhora! – André também respondeu alto em razão da distância que separava os dois. E continuou: – Olhando a beleza desse mar?

– Chegue mais perto que a gente não vai poder ficar gritando – disse, sorrindo.

André foi se aproximando do local, uma tenda toda feita com madeira, com traços rústicos. Ao lado da porta, um móbile com pássaros que balançavam com o vento chamava muita atenção. No pé da porta, um velho capacho se destacava pelos dizeres: "Se é do bem, pode entrar".

– Pronto, agora não precisamos falar tão alto – disse André, a poucos metros da senhora.

– Respondendo à sua pergunta, não estou olhando o mar, estou pensando se o Tiago já comeu alguma coisa.

– Seu marido? – perguntou André, rapidamente.

– Tiago é meu filho. Ele seguiu o pai nessa profissão, e todos os dias imagino, em muitos momentos, como ele está naquele barco – disse, pensativa.

– Ele e seu marido vão sempre juntos?

– Não, sou viúva. Meu marido faleceu há cinco anos. Foi do coração, de repente. Desde então, o Tiago vem ajudando em muitas coisas. Ele vai para o mar com alguns amigos que já conhece faz algum tempo. Eu fico aqui nesta casinha vendendo algumas coisas, como pode ver – apontou para o lado de dentro.

André chegou mais próximo e olhou com atenção para dentro da casa. Tinha água, café, alguns salgados e panos de prato bordados.

– Não tinha percebido que aqui também era uma venda.

– Pouca coisa, bem pouca coisa. Tem aquela placa lá indicando – disse, apontando para um quadro encostado no chão, escrito a giz: "Água, café e salgados".

– Fiquei tão concentrado em outras coisas que não percebi. Vende bem? – continuou André, espiando a casa com curiosidade.

– Pouco, mas quem caminha por aqui já sabe o que tem. Aí chega um, mais tarde, chega outro. E assim a gente vai indo. Você nem me disse seu nome?

– André. E o da senhora?

– Aqui todo mundo me conhece por Dona Zê. E nem perguntei: você gostaria de alguma coisa?

– Gostaria de um café. O cheirinho dá para sentir daqui.

– É porque acabei de fazer. Faço forte, para espantar o sono e os males desta vida.

– Já tinha percebido, olhando para o capacho da porta. Gostei da frase: deixar entrar o que é do bem – disse André, apontando para o capacho.

– Isso é coisa do Tiago; foi ele que colocou ali. Quer entrar e se sentar um pouco?

– Obrigado pelo convite, mas vou ficar aqui fora mesmo. Não posso perder a vista deste mar – respondeu, voltando a cabeça para o oceano.

– Ah, isso eu entendo. Só um minutinho, então. Vou pegar seu café – disse Dona Zê, saindo e caminhando lentamente.

Depois de pouco tempo, ao invés de voltar para onde estava e entregar o café pela janela, foi até o lado de fora com o café e um pequeno salgado.

– Esse salgado sou eu mesma que faço. Pode provar que está novinho. Fiz agora pela manhã cedo – disse, entregando o prato com o salgado e uma xícara vermelha de tamanho médio.

– Agradeço muito a sua gentileza. Nos dias de hoje, faz uma grande diferença.

– É, meu filho. A vida está nas pequenas coisas. Elas são grandes por si mesmas. É só prestar atenção. Mas será que as pessoas estão prestando realmente atenção em cada dia e em cada momento?

– Dona Zê, posso responder por mim. Não, não estava prestando atenção. Só correndo para lá e para cá e parando muito pouco para pensar o que realmente queria e quero. Isso sem falar que não escutava quase ninguém.

– Imagina então, meu filho, se a gente não se ouve, como vamos ouvir os outros? – perguntou, olhando para André.

– Estou percebendo que não me escutava mesmo – disse André, tomando um gole de café.

– Quem em você não estava querendo escutar você?

André ficou em silêncio por alguns segundos. Parou, respirou e tomou novamente um pouco mais de café, fazendo um elogio pelo sabor.

– Vou ali dentro só terminar uma coisinha e já volto – disse ela, entrando novamente na casa.

André saboreava o que tinha recebido. Enquanto estava só, ficou pensando na frase que ela tinha dito e a palavra "quem?" o intrigou muito. "Quem em você?" – repetiu em pensamento. Estava acostumado com "por que isso?" ou "por que aquilo?". Mas "quem?" foi algo que o fez parar e pensar o que não tinha imaginado.

Após algum tempo, ela surgiu novamente pela porta.

– Estava uma delícia. Coloco onde? – disse André, olhando para o prato e a xícara.

– Deixa comigo – respondeu. Pegou a xícara e o prato e colocou em uma mesinha alta que tinha perto da janela.

– Sua pergunta foi bem difícil, Dona Zê. "Quem em mim não me escuta?" Acho que aquele em mim que foi se acostumando a deixar os dias passarem. Muitas horas de "tanto faz e tanto fez". Comecei a não me importar mais com muitas coisas que realmente eram únicas. Lá dentro, alguém gritava: "acorda, André!". No entanto, eu insistia em ficar sonolento. Afinal, outro dia já ia surgir de novo. E tudo com as mesmas cenas, mais uma vez. Não sei se entende quando falo isso, mas só fui deixando acontecer, como se a própria vida fosse me levando. Fui me deixando de lado, pouco a pouco. E isso foi gerando muita raiva por não conseguir sair daquilo que não queria mais – André mudou o semblante, ficando mais sério.

Ela ficou em silêncio por alguns instantes. Escutava-se somente o som das ondas, quebrando um pouco mais forte.

– Esse seu barco foi para alto-mar e você precisa voltar. Onde ele está agora? – disse Dona Zê, olhando para André.

– É verdade, fui para alto-mar mesmo, mas acho que agora esse meu barco está voltando com mais experiência. Estava pensando em muitos barcos antes, que até imaginei um nome se eu tivesse realmente o meu.

– E qual seria?

– "Caminhante". Iria pintar na cor laranja, lá na frente, do lado direito, bem chamativo.

– E o que tem nesse barco?

– Dona Zê, com certeza tem pessoas que fazem de um pequeno café um alimento para a alma. Pessoas que estou encontrando ao longo de algumas semanas e tantas outras que já encontrei pela minha vida – disse André, sorrindo. – Feliz do Tiago que tem a senhora por perto.

– Quando ele está longe, como agora, nem imagina que fico assim fazendo minhas preces. Ele vai, mas meu coração sempre vai junto – disse, emocionada.

– Imagino, ou melhor, posso tentar imaginar.

– A prece, meu filho, é um alimento para a nossa vida. É essa ligação profunda com Deus e com quem está em nossas lembranças. Lá no cantinho silencioso do nosso coração tem um espaço que é todo nosso. Para fazer prece de verdade, não precisamos de nada além de boa vontade e verdadeiras intenções. Quando acordo, a primeira coisa que faço é uma prece. E você?

– Antigamente, tinha o hábito da prece, mas fui perdendo ao longo do tempo. Hoje, sinceramente, o que faço quando acordo é olhar o celular. Por incrível que pareça, ligo na mesma hora para ver algumas mensagens.

– Quem sou eu para fazer julgamentos? – disse ela, pausadamente.

– Lembro-me que me sentia bem fazendo minhas preces. Com certeza, essa conversa é um grande convite para que eu possa retomar esse hábito muito saudável.

Os dois sorriram ao mesmo tempo.

– A prece vai além do que imaginamos. É um abraço distante que a outra pessoa ganha sem nem mesmo saber que está recebendo. É uma luz no caminho do outro que entregamos como presente. A partir de agora, você estará também em minhas preces – disse Dona Zê.

– Não vou ter palavras para dizer o quanto estou impactado com essa nossa conversa. E com certeza, a senhora também estará nas minhas preces. Agradeço muito esse acolhimento. Tomara que eu tenha aprendido como fazer isso também com quem passar pelo meu caminho a partir de agora. Não sei se vou conseguir como a senhora faz, mas vou tentar – disse André.

– Não precisa ser como eu faço. Faça do seu jeito e reze com o seu coração. Só não deixe você mesmo para trás.

– Posso dar um abraço na senhora, Dona Zê?

Ela abriu os braços e acolheu André, fraternalmente. Ele sentiu o calor da humanidade. Após o abraço, pagou pelo café e salgado e foi saindo aos poucos, enquanto Dona Zê ficou parada, olhando a sua partida.

Quando estava distante, virou-se e olhou para aquele lugar tão simples, mas tão cheio de vida e de amor. Ela ainda estava lá, como um pilar de sabedoria e fortaleza. No fundo, André sabia que ela estava fazendo uma prece por ele. Fechou os olhos e, após muito tempo sem fazer isso, também fez uma prece por ela, mesmo compreendendo que ela nunca saberia.

MESTRE 19

O guardião do silêncio

André sabia que logo estaria voltando para casa, mas também sabia que ainda faltavam alguns passos nesta caminhada. Algo, como uma intuição, soprava junto com o vento, dizendo-lhe para continuar um pouco mais. E lá seguia ele, pelo caminho que nunca mais seria igual. Sentia-se muito bem com a prece que tinha feito. Percebeu que existia algo que pulsava diferente nesse contato íntimo com Deus: uma conexão que, antigamente, gostava de experimentar e, por algum motivo, tinha se distanciado.

Enquanto caminhava, fez outra prece, agora agradecendo a própria vida e por mais um dia neste planeta. Mais adiante, percebeu um senhor negro, sentado em uma cadeira de praia, muito próximo da água. Ao redor, ninguém mais. O senhor acompanhou a aproximação de André com seus olhos profundos e serenos, até ele chegar muito perto e parar.

– Bom dia, senhor – disse André alegremente.

O senhor apenas sorriu e voltou a olhar o mar.

No começo, André ficou um tanto desconfortável com a cena, pois não teve, em palavras, o retorno que gostaria. Mesmo assim, permaneceu parado, sem saber se seguiria ou ficaria. O senhor fez um gesto com a mão, indicando a areia, como se o convidasse para se sentar ali mesmo. André aceitou. Passaram-se alguns minutos, e o senhor não falou uma única palavra, o que deixou André ainda mais ansioso. Era uma ansiedade que não surgia naquele instante, mas que o acompanhava havia muito tempo; ali, apenas se apresentava mais uma vez.

– Vamos ficar aqui em silêncio? – perguntou André, sem conter o nervosismo.

Não houve resposta.

– Estou de castigo, é isso? – disse, dando uma gargalhada constrangida.

Também não houve resposta alguma. O senhor continuava olhando para o mar.

– Um convite para apreciarmos tudo... entendi. OK, vamos lá.

Passados alguns minutos, André se levantou, bateu uma mão contra a outra para tirar a areia.

– Quanto tempo você aguenta? – perguntou o senhor, com voz grave e cadenciada.

– Estou aqui dando um bom-dia, mas, sem respostas, acho que não aguento tanto como imaginava.

– Quanto tempo você aguenta com você mesmo? – complementou o senhor.

André silenciou por um momento.

– Nunca ninguém tinha feito essa pergunta.

– Não disse que você era obrigado a se sentar; apenas estendi a mão, fazendo um convite. Convites nós aceitamos ou declinamos. Foi você quem decidiu se sentar – disse o senhor, olhando para André.

– Realmente, decidi me sentar porque estou vivendo um dia em que quero olhar para as pessoas ao redor com mais calma. Achei que iria aprender alguma coisa com o senhor, pois notei que estava encantado com o mar. Só queria entender que encanto é esse – disse André, voltando os olhos para o mar.

Uma pausa maior se fez.

– Respire, meu amigo. Respire com calma. Essa foi sua percepção ao ver que eu estava encantado com o mar, mas é sua interpretação. O que me encanta, desde que coloquei a cadeira aqui, é o silêncio. Adoro o mar; minha alma sente a energia deste lugar e deste momento, mas estou realmente apaixonado pelo silêncio. Aprendi a silenciar em muitos momentos – disse o senhor, com tranquilidade.

– Então, fui um grande estraga-prazeres, porque invadi o seu silêncio com o meu barulho.

– Não. Definitivamente, não. Você invadiu o seu silêncio com o seu barulho. Eu continuei em silêncio. Este é um ponto que aprendi ao longo da minha jornada: é preciso dar permissão para que invadam a sua paz interior. Essa conquista pode ser aprendida com calma e perseverança. Nada surge do dia para a noite. Cada momento é uma oportunidade para ver o quanto de barulho temos dentro de nós. Como muitos não param para observar suas próprias emoções, vão seguindo sem saber a diferença entre ruído e silêncio – disse o senhor, calmamente.

– E o que o senhor encontra no silêncio?

– Está parecendo que as suas perguntas tendem a buscar respostas prontas, como se estivessem em uma cartilha. A vida de cada um é realmente única. Sei que você tem essa curiosidade sobre o meu silêncio, mas tenha certeza: o seu silêncio vai dizer muito mais. Ele vai contar aquilo que você já sabe, mas apenas não lembra. É só silenciar por mais momentos. Quantas vezes você faz isso no seu dia? – perguntou o senhor, enquanto olhava para um pássaro que subia alto e depois mergulhava, tentando pegar um peixe no mar.

– Atualmente, zero – respondeu André, prontamente.

– E como é possível aguentar algum silêncio em qualquer situação? Não existe o hábito. E sem esse espaço para você, o dia passa realmente voando. Surge uma coisa, logo outra, e assim o tempo vai se esvaindo, muitas vezes sem muito a ser aproveitado. Será que não está na hora de você dar um tempo para si mesmo? E respirar? Deixe a mente quieta mais vezes – disse o senhor, levantando-se da cadeira e esticando os braços à frente e para cima, fazendo um alongamento.

– A minha mente é mesmo barulhenta. Estou sempre pensando em algo e fico cansado de tanto pensar – falou André, ainda sentado.

– E você está cansado desde quando? Qual movimento acontece dentro de você quando isso ocorre? O que você faz? Já pensou em qual ponto o barulho precisa ser mais forte para não deixar o silêncio aparecer? Não precisa responder nenhuma dessas questões, mas poderia ampliar outras perguntas para ir pensando depois.

– São tantas perguntas. Acho que cada uma delas vai dar trabalho para responder. E isso já é um grande barulho – disse André, levantando-se também e esticando os braços.

– Esse barulho é bom. É o barulho de poder olhar para dentro. Não há caminho mágico para resolver aquilo que é de cada um. É preciso pegar a vida e olhar para ela com compaixão, amor e vontade.

– Parece fácil, mas a gente sabe que não é – respondeu André, mexendo os pés e cravando os dedos na areia.

– Fácil? Difícil? Isso importa?

– Não. Importa mesmo é tentar – disse André.

– O silêncio é um convite aberto. Ele está pronto para se sentar com você e apenas ficar. Contudo, como é um convite, precisa ser aceito. E isso é com cada um – disse o senhor, caminhando em direção ao mar, sem convidar André.

Nada foi dito por alguns minutos. André contemplava a cena e pensava que desejava ser como aquele senhor, que parecia tão pleno de si. Estar daquele jeito parecia simples, mas, no fundo, André sabia que ele também tinha encontrado muitos espinhos pelo caminho.

– Está esperando um convite para entrar? – o senhor falou alto, de dentro da água.

– Isso é um convite? – André sorriu.

– O convite já está feito. E não por mim. O mar é como o silêncio: basta você entrar.

André decidiu tomar um banho e mergulhou. Algum tempo se passou. Os dois falaram sobre suas famílias, contaram histórias variadas e discorreram sobre assuntos da espiritualidade, até que André percebeu que era hora de partir.

– Agradeço a conversa – disse André, estendendo a mão. Cumprimentaram-se e, aos poucos, ele foi saindo do mar. Quando já estava na areia, falou mais alto: – E se o silêncio responder gritando?

O senhor não falou nada. Apenas sorriu, deixando a pergunta em aberto. Só então André percebeu que, realmente, ele agia como pensava.

MESTRE 20
O homem no espelho

O céu estava com mais nuvens. André continuava andando, agora com passos ainda mais lentos, pois estava cansado e sabia que todo percurso ainda teria o caminho de volta. Mesmo assim, queria ir um pouco mais, na esperança de que outra pessoa aparecesse logo à frente com algum ensinamento.

Só que, neste momento, a paisagem tinha se modificado. Não via mais ninguém. Até mesmo as aves tinham desaparecido. Foi então que deixou de perceber o mar, que tanto gostava, para fixar o olhar na areia diante de seus pés. Sentia a respiração profunda. Passaram-se minutos que pareciam horas.

Ao dar mais alguns passos, percebeu uma pequena barraca de vendas fechada. Algo brilhava, mesmo ao longe, chamando sua atenção. Aproximou-se e, chegando bem perto, viu que era apenas um pequeno espelho preso ao lado da porta com um prego e arame.

Parou. Observou a borda laranja da moldura, já gasta pelo tempo, e olhou para os próprios olhos. Não se via assim fazia muito tempo. Não enxergou apenas o rosto, enxergou sua alma. Teve a certeza de que era mais do que acreditava, era tudo o que havia construído com sua própria história.

Fechou os olhos e permaneceu assim por um longo tempo. Quando os abriu novamente, entendeu que a praia tinha ficado deserta para que ele se encontrasse consigo mesmo em um instante único. Era o encontro que estava faltando.

Continuou a caminhada e começou a refletir: "Agora entendo toda essa areia. Esse é o meu deserto, que percorri tantas vezes em fases diferentes da minha vida. Quem, dentro de mim, me abandonou em tantas situações? Esperei tanto dos outros e fiz tanto pelos outros, mas nunca soube se realmente estava agradando. Acho que, olhando tanto para fora, fui secando em diversos momentos, mesmo sabendo que vários braços me abraçavam, tanto deste lado quanto do outro lado da vida. Busquei a mim mesmo em muitas ocasiões, mas também me abandonei em tantas outras. Em alguns momentos, perdi-me de mim; em outros, reencontrei-me. O mais difícil foi não ter permitido expressar minha essência em certas situações. Mas tenho certeza de que algo mais profundo dentro de mim sempre me guiou. E eu sabia disso. Quis ajudar muita gente. Acho que consegui em muitos momentos. Em outros, não. Talvez, ao achar que havia perdido tantas batalhas, não percebi que também havia vencido muitas outras. Muitas vezes, ultrapassei os limites da ajuda, invadindo corações, tentando impor meus desejos sobre o que não era, de fato, o desejo dos outros. O tempo mostrou que devo permitir ao outro ser aquilo que deseja ser, com todas as responsabilidades que isso envolve. Ninguém muda ninguém à força. Cada um tem suas dores e suas alegrias".

Suas reflexões continuavam: "Pensando em todos os que passaram pela minha vida, agora tenho certeza de que nunca estive só. Fui ajudado em muitas situações. Neste momento, sinto apenas vontade de continuar, amar, perdoar e viver. Fiz do meu mundo um lugar aberto, mas também fechado. Só agora consigo ver minha sombra e minha luz. Não sabia, nem entendia, que poderia realmente me conhecer tanto. Parece que estou me despedindo dos outros ao pensar assim, mas é o contrário: estou compreendendo quem sou de verdade. E isso não me isola em uma ilha, apenas amplia as possibilidades de compreender melhor o que chega e o que parte, como as ondas desse mar. Espelho da vida, que muda a cada segundo, trazendo e levando tantas coisas. Muitas vezes, busquei a tranquilidade de um mar calmo. Mas foi em um rabisco perdido, em um banco de praça, que li uma frase: 'Mares calmos não fazem bons marinheiros'. Como é que só agora estou entendendo isso? Esse meu pensamento tirano quer sabotar o tempo, dizendo que eu deveria ter visto tudo antes. André, André... tudo tem seu tempo! É bom lembrar disso sempre. O pescador já disse lá atrás: existe o seu tempo, o tempo do peixe e o tempo de Deus. Vai haver momentos de paz, vai haver momentos de dor, de chegadas e de partidas".

André mergulhou fundo em sua alma: "Ainda bem que há uma frase que acalenta meu coração: 'Isso também passa'. E, de fato, tudo passa, assim como passamos por esta vida. Não somos daqui. Aqui não é casa: é caminho. Cada um com seus sonhos e com suas cores. E os amores? Aqueles que estão conosco e os que já partiram. Vejo o rosto de cada um. Como aprendi com eles! Só agora percebo que todos foram mestres. Grandes mestres no meu caminho. Com certeza, Deus se fez presente por intermédio de cada uma dessas pessoas. E aqui estou eu, lembrando de cenas tristes, engraçadas, de flores e de espinhos. Cenas que marcaram e não serão esquecidas. Mas o que é uma vida sem cicatrizes? A cicatriz marca o corpo, mas marca muito mais a alma. Quantas almas conheci? Esta vida é mesmo cheia de mistérios. Quantos desvendei? Ou melhor: quantos me permitiram desvendá-los? Olhando para o passado, vejo tantos momentos em que caí. Também fui forte ao me levantar novamente. Olhando esta praia, percebo que a imensidão pode acolher ou enlouquecer. Acho que é preciso paciência para aceitar o que sei que ainda não posso compreender. Assim, vou seguir caminhando".

André, com lágrimas nos olhos, prosseguia sozinho, com força e os pés firmes a cada passo. Olhava para a frente e para o mar. Apesar de carregar no coração todas as pessoas que tinham passado pela praia e pela sua vida, agora estava só como nunca estivera.

Parou e fechou os olhos. Lembrou-se de sua jornada em imagens rápidas, desde a infância até o momento presente. Recordou o sonho que vinha se repetindo ao longo do tempo, e a luz forte que sempre surgia apareceu como um despertar.

Faltava agradecer ao maior de todos os seus mestres. Ele não estava com André apenas naquele instante, mas em todos os momentos de sua vida. Então, André caiu de joelhos.

MESTRE 21

O Mestre dos mestres

Ajoelhado e com os olhos fechados, André fez uma prece:

– Meu Mestre Jesus, Caminhante dos caminhantes, Sábio dos sábios, aquele que ensina a amar e a perdoar, agradeço a vida. Só eu sei o quanto fui abençoado e agradeço por tudo. Lembro-me das suas palavras como se estivessem marcadas a ferro e fogo em minha alma. Cada uma delas me fez continuar mesmo em situações tão difíceis. Meu Mestre, larguei a sua mão em alguns instantes, mas agora entendo que nunca largou a minha. Quando dizia: "Vós sois o sal da terra", somente agora compreendo. Tanto tempo passado para uma revelação que parecia simples, mas que sempre trazia profundidade. Gostaria de gritar para que todos acordassem de sonos profundos, mas somente agora também enxergo melhor o tempo. Existe o tempo de plantar e existe o tempo de colher. E quando disse: "Vós sois a luz do mundo", o quanto de escuro criei dentro do meu ser? Só agora percebo o quanto ainda preciso modificar e conhecer a mim mesmo nesta jornada, e em todas as que virão. Ah, Mestre Jesus, como é bom andar seguindo os seus passos. Nesta vida de mar e areia, daquilo que trazemos e levamos, no que entendemos e no que desconhecemos, percebo o quanto ainda não compreendo aquilo que disse e o que representa: "Pedi e vos será dado, buscai e achareis, batei e a porta vos será aberta. Porque todo aquele que pede, recebe. O que procura, acha. A quem bate, se abrirá a porta. Quem de vós dará uma pedra ao filho que pede pão? Ou uma serpente ao que pede um peixe?" Mestre, sendo verdadeiro e honesto com o meu coração, sei que não pedi, muitas vezes por medo de realmente encontrar. A luz profunda me assustou em tantos instantes... mas ela vem e ilumina mesmo assim. O meu grande medo se desfaz em sua presença. Isso fica claro ao olhar para as cenas da minha vida. Foram nos maiores sofrimentos que percebi o seu amor e a sua presença. Não tenho palavras corretas para expressar, mas se existe tradução para agradecimento, ela segue em direção ao seu coração puro. Imagino o dia da crucificação e como, mesmo naquele instante, ainda ensinou a perdoar. Esse perdão que também podemos pedir e entregar, que nos liberta e faz a vida fluir de novo. Sei que minhas palavras são poucas e ficarão ao vento, ao lado deste mar. O que importa mesmo é que estão sendo escutadas, como no escuro do meu quarto, quando conversamos somente nós dois. E eu sei que me escuta. Foram tantas pessoas que encontrei nesta praia e em tantas outras estradas, que já considero mestres. Contudo, é preciso revelar que o maior deles esteve, está e estará sempre comigo: meu amado Jesus. Neste instante, meus olhos vertem lágrimas e peço que reze junto comigo, como ensinou certa vez: "Pai nosso, que estais nos Céus, santificado seja o vosso nome; venha a nós o vosso Reino; seja feita a vossa vontade, assim na terra como no Céu. O pão nosso de cada dia nos dai hoje; perdoai-nos as nossas ofensas, assim como nós perdoamos a quem nos tem ofendido; e não nos deixeis cair em tentação, mas livrai-nos do mal".

Raios de sol brilharam. O vento soprou forte. André abriu os olhos e se levantou. Lágrimas escorriam por sua face. A praia continuava absolutamente vazia. Caminhou com calma até a água. Respirou profundamente e entrou no mar.

Ah, o mar.

Capa e projeto gráfico: Marco Cena
Revisão: Gaia Revisão Textual
Produção editorial: Bruna Dali e Maitê Cena
Assessoramento gráfico: André Luis Alt

B931s Bührer, Fábio Craidy
Seus mestres, seu caminho : encontros e aprendizados / Fábio Craidy Bührer. – Porto Alegre : BesouroBox, 2025.
128 p.

ISBN 978-85-5527-180-9

1. Guias (Espiritualismo) - Crônicas. 2. Espiritualidade. 3. Religião. I. Título.

CDD 23. ed. 200

Cip – Catalogação na Publicação
Tamara da Rosa Silva CRB-10/2812

Rua Brito Peixoto, 224 - CEP: 91030-400
Passo D'Areia - Porto Alegre - RS
Fone: (51) 3337.5620
www.besourobox.com.br

Impresso no Brasil
Setembro de 2025.